DEL RETAIL Y OTROS DEMONIOS

HANS RODRIGUEZ

Copyright © 2023 Hans Rodríguez

Todos los derechos reservados.

ISBN: 9798397212106

DEDICATORIA

Dedicado a todos aquellos hombres y mujeres que se levantan día a día a brindar un servicio superior atendiendo con humildad y calidez a sus clientes para sacar adelante a sus familias. A los que le ponen su firma personal a su servicio, por que de ellos es el futuro del Retail.

CONTENIDO

	Agradecimientos	I
1	La historia en el Tiempo	N.º 1
2	Un recurso no renovable	N.º 9
3	Los Hard Discount	N.º 34
4	Una experiencia extraordinaria	N.º 43
5	Un demonio escondido	N.º 50
6	Un infierno en la tierra	N.º 62
7	Un nuevo cliente, una nueva realidad	N.º 71
8	La bola de cristal	N.º 81

AGRADECIMIENTOS

Agradecimientos a personas y empresas que me apoyaron en la investigación a fondo del Retail a través de la historia, a mi familia por su tiempo y paciencia porque personas cómo nosotros apasionados del Retail destinamos largas jornadas de nuestra vida a buscar los caminos de satisfacción para nuestros clientes.

1. LA HISTORIA EN EL TIEMPO

Hablemos de la fórmula mágica, gastar menos y vender más, parece fácil verdad, cualquier niño lo podría hacer, pero en realidad no lo es, aplicar esta fórmula es lo mismo que decir que dejando de comer vas a tener una vida más saludable, es una condena lenta que te lleva a perder ese "algo" que te hace diferente, o cómo diría Gabriel García Márquez, son crónicas de una muerte anunciada.

En el mundo que vivimos hoy en día el comercio y la venta de alimentos a evolucionado, las grandes cadenas cómo Wal-Mart, Costco, Carrefour, viven momentos difíciles, sus altos costos logísticos y de operación compiten con el nuevo rey del mercado a nivel mundial: Amazon.

La pandemia dejo interesantes ganancias al Retail en general, pero hizo un daño inmenso ante los ojos del consumidor, aunque ya era un camino recorrido descubrieron que cada vez con mayor facilidad todo podían adquirirlo desde casa, la pandemia trajo la aceleración en el desarrollo del comercio electrónico, esa idea llego para quedarse, ya eran pocas las razones por las cuales era necesario salir y si bien el efecto Pos-pandemia hizo que todo el mundo saliera de sus encierros a los supermercados luego vino la calma, el endeudamiento de los gobiernos, la inflación, el olvido del encierro, pero con ella la comodidad de no tener que hacer fila para adquirir sus productos, del ahorro del tiempo en el tráfico, de hacer la vida más cómoda y más fácil donde con solo un clic tus productos en pocos minutos llegan a la puerta de tu casa y es justamente aquí donde el curso de la historia cambia y donde los que no estén trabajando arduamente en su evolución quedaran perdidos en ella.

Otra idea en la mente del consumidor quedo dando vueltas y vueltas en su cabeza: La higiene y la seguridad alimentaria, en que condiciones de asepsia está comprando sus productos y cuantas personas lo manipulan antes de llegar al consumidor? Que contribución o daño le hace el producto que consumo al planeta? y con el rápido desarrollo del comercio electrónico y el considerable ahorro del tiempo que tomaba ir hasta el supermercado a realizar las compras generó una explosión en la interacción digital donde los consumidores comenzaron a tener mayor contacto con sus marcas preferidas a través de las redes sociales y mayor información de las mismas.

En el Retail todos buscan solo una cosa, tu satisfacción. La pregunta es ¿Cómo?

Todo comenzó el 6 de septiembre de 1916 cuando Clarence Saunders decidido crear a Piggly Wiggly (cerdito ondulado) en Memphis, Tennessee. Clarence nació en virginia, en una familia muy pobre, dejo su escuela a los 14 años; estudiar en condiciones económicas tan precarias no era una opción, así que comenzó a trabajar en diferentes partes hasta que encontró su espacio en el mundo en un supermercado, poco a poco se fue interesando y volviendo más eficiente en su trabajo hasta que comenzó a soñar con tener su propia tienda, su gran sueño seria crear un gran supermercado; en ese tiempo los clientes llegaban a las tiendas y todos los productos estaban detrás del mostrador, los clientes debían esperar a que el tendero se desocupara para ir por sus productos y su único trabajo era pagar, pero era una espera muy larga, entre más larga la lista de productos a comprar mayor la espera, de hecho el cliente no tenía ninguna opción en cuanto a variedad pues dependía solamente de los productos seleccionados por el dependiente.
Saunders comenzó muy joven y con pocos estudios y a pesar de su falta de educación formal se enamoró del comercio, con los años él mismo decidió formarse y

empezó a estudiar por su cuenta, le gustaba leer e investigar cuanto le era posible. Saunders demostró ser un empresario astuto y enérgico, al detectar las dificultades de los clientes al momento de comprar, así que invirtió todos sus ahorros y creo a Piggly Wiggly, al comienzo fue muy criticado se tenía que estar muy loco para abrir una tienda con la mercancía expuesta, o muy perezoso para pretender que los clientes se atiendan solos y eso sin contar con el alto riesgo de perder sus productos, era una locura en esos tiempos pero en realidad fue un pensamiento revolucionario. Con algo más de 1000 productos disponibles los clientes podían caminar entre las estanterías con una canasta de madera para seleccionar según sus propios gustos, era la primera vez que alguien ponía al cliente en el centro de todo, su filosofía era: Si el cliente quiere algo debe tenerlo en el menor tiempo, al precio más justo y con una experiencia de compra extraordinaria. El éxito fue tan rotundo que Saunders inauguro 9 tiendas el primer año y en siete años llego a tener 1.268 tiendas.
Es aquí donde encontramos tres palabras claves del Retail que son los cimientos de la filosofía que vivimos hoy en día:

Tiempo.
Precio Justo
Experiencia de compra extraordinaria

Lo que hizo que Clarence Saunders con Piggly Wiggly fuera innovador fue la introducción del concepto de "autoservicio". Antes de la apertura de Piggly Wiggly los clientes no tenían opciones más que esperar y tener fe de que su pedido lo atendiera el chico más rápido o de lo contrario sus productos demorarían mucho de salir de las estanterías detrás del mostrador, Saunders cambió esto al permitir que los mismos clientes tomaran los productos de las estanterías abiertas lo que redujo los costos laborales y permitió que la tienda ofreciera precios más bajos.

Además Saunders también introdujo otros conceptos nuevos en su tienda, cómo las canastillas de compra, la marca privada de la tienda y fue el primero en emitir una factura por tirilla de maquina y un sistema de cupones de descuento. Estas innovaciones permitieron que Piggly Wiggly creciera rápidamente y se expandiera a otras ciudades.

Sin embargo, en 1923, Saunders perdió el control de la compañía después de una serie de problemas financieros y una batalla legal con sus accionistas. Después de dejar Piggly Wiggly Saunders fundó otras empresas, pero nunca volvió a tener el mismo éxito que con su primera creación.

A pesar de esto el legado de Clarence Saunders sigue siendo importante en la historia de los supermercados. Su innovación en el concepto de autoservicio influyó en la forma en que se hacen las compras de alimentos en todo el mundo y su marca Piggly Wiggly sigue siendo una cadena de supermercados existente en algunos estados de los Estados Unidos.

A Clarence también se le otorgan sus numerosas patentes que se relacionaban con las ventas al por menor, este visionario del Retail invento un sistema telemarketing que le permitía a los clientes solicitar los productos por medio de una llamada telefónica y luego ir a recogerlos a una tienda especifica, lo que hoy conocemos cómo compra y recoge.

El primer "supermercado moderno" fue abierto en 1930 por un empresario estadounidense llamado Michael J. Cullen en Nueva York. Cullen se dio cuenta que las tiendas por aquellos días eran muy pequeñas, se podría tener una mejor propuesta, quería crear una tienda que fuera más grande que las tiendas de comestibles tradicionales de la época, con una selección más amplia de productos a precios más bajos.

Michael J. Cullen fue un empresario estadounidense nacido en 1884 hijo de inmigrantes irlandeses y fallecido en 1936. Es conocido por ser el fundador de la cadena de supermercados de descuento King Kullen, que fue la primera cadena de supermercados de este tipo en los Estados Unidos. Cullen creció en Nueva York y trabajó en una tienda de comestibles local desde muy joven. Después de graduarse de la escuela secundaria, trabajó en una variedad de cargos relacionados con el comercio minorista, incluyendo vendedor ambulante y gerente de una tienda de comestibles.

En 1916, Cullen se unió a la cadena de supermercados Great Atlantic & Pacific Tea Company (A&P) y rápidamente ascendió a gerente de una sucursal en Long Island. Sin embargo, Cullen se sintió frustrado por las políticas de precios rígidos de A&P y decidió establecer su propia cadena de supermercados.

En 1930, Cullen abrió la primera tienda King Kullen en Queens, Nueva York. La tienda se centró en ofrecer productos de calidad a precios más bajos que los supermercados tradicionales. Cullen también introdujo el concepto de "venta a precio de costo", en el que los productos se vendían al precio al que habían sido comprados, más un pequeño margen. Además King Kullen también permitió que los clientes pagaran por sus compras con crédito, lo que era una innovación en ese momento.

La tienda King Kullen tuvo un gran éxito y Cullen abrió rápidamente más sucursales en todo el estado de Nueva York. Para 1936 había más de 20 tiendas King Kullen en funcionamiento. Sin embargo, ese mismo año Cullen falleció de un ataque al corazón a la edad de 52 años.

A pesar de la muerte prematura de Cullen, su legado continúa en la industria de los supermercados. King Kullen sigue siendo una cadena de supermercados en funcionamiento en Nueva York y ha inspirado a muchos otros empresarios a seguir su ejemplo de ofrecer productos de calidad a precios más bajos a través de la venta al por mayor y la reducción de costos de operación.

La idea de Cullen fue un éxito, y pronto surgieron supermercados en todo Estados Unidos. Estos supermercados ofrecían una amplia variedad de productos, desde alimentos frescos hasta productos enlatados y otros productos de consumo masivo, todo bajo un mismo techo. Los precios en los supermercados eran generalmente más bajos que en las tiendas de comestibles tradicionales, lo que los convirtió en una opción popular para los consumidores. En la década de 1950 los supermercados se extendieron por todo el mundo y se convirtieron en una parte integral de la vida cotidiana en muchas sociedades. A medida que los supermercados se volvieron más populares, algunos comenzaron a ofrecer servicios adicionales como carnicerías, panaderías y secciones de productos frescos. También comenzaron a ofrecer programas de fidelización para atraer a los clientes y mantener su lealtad.

En los años 80 y 90 los supermercados comenzaron adoptar tecnología avanzada para mejorar la eficiencia y la experiencia del cliente. Algunos supermercados comenzaron a utilizar escáneres de códigos de barras para agilizar el proceso de compra y otros comenzaron a utilizar sistemas de gestión de inventario automatizados para asegurarse de que los productos estuvieran siempre disponibles en las estanterías. Hoy en día, los supermercados siguen siendo una parte fundamental del mundo moderno y han evolucionado para adaptarse a los cambios en la tecnología y en las preferencias de los consumidores. Con el auge del comercio electrónico, muchos supermercados han comenzado a ofrecer servicios de venta en línea, lo que les permite llegar a un público aún más amplio. La historia de los supermercados es una historia de innovación y adaptación continua y es probable que sigan siendo una parte importante de la vida cotidiana durante muchos años más.

2. UN RECURSO NO RENOVABLE

Hablemos de nuestros primeros tres pilares en la historia del Retail:

Tiempo.
Precio Justo

Experiencia de compra extraordinaria

El valor del tiempo es muy importante para las personas, ya que el tiempo es un recurso limitado y no renovable. El tiempo es un recurso valioso porque es una medida de la duración de la vida de una persona y es un recurso que no se puede recuperar una vez que se ha perdido. Por lo tanto, las personas consideran que su tiempo es demasiado valioso y lo utilizan responsablemente de manera cuidadosa y estratégica.

El valor del tiempo en las personas se relaciona con varios aspectos de la vida, como la productividad, la calidad de vida, el bienestar emocional y la satisfacción personal. El tiempo es esencial para lograr objetivos y metas personales y profesionales y para disfrutar de las actividades que se consideran importantes y significativas. Además, el tiempo también está relacionado con el estrés y la ansiedad, ya que la falta de tiempo para cumplir con las responsabilidades y las tareas puede causar estrés y agobio. Por lo tanto, muchas personas buscan equilibrar sus compromisos y responsabilidades con el tiempo para el descanso, la relajación y el disfrute de las actividades que les brindan placer y satisfacción.

Hoy en día, el valor del tiempo en las personas es una prioridad, ya que el tiempo es un recurso limitado y valioso que se utiliza para lograr objetivos, disfrutar de actividades, mantener la calidad de vida y el bienestar emocional. Por esto es esencial encontrar un equilibrio adecuado entre las responsabilidades, las tareas y el tiempo para el descanso y la relajación.

Devolvámonos a nuestros comienzos, por aquellos días mientras la mercancía estaba detrás del mostrador se podía "proteger" ante los robos o mermas por mala manipulación, pero quien pagaba el alto costo era el cliente al tener que esperar mientras era atendido, perdía tiempo. Este punto en la ecuación fue lo primero que vio Clarence cómo la gran oportunidad, confiar en el cliente y permitirle que fuera él el que escogiera sus propios productos, que el tiempo que estuviera en el supermercado fuera por su disfrute y no por estar esperando una insoportable fila. Si bien hoy en día los clientes disfrutan seleccionar sus propios productos es un dolor de cabeza llegar a los puestos de pago, un minuto allí en fila es una eternidad, es el peor momento de la compra, es donde tendrás que pasar por la guillotina tu billetera después de haber caído ante los antojos de los productos vistos en el recorrido y es precisamente en este momento donde vas volviendo a la razón y comienzas a retirar productos que ya estaban en tu carrito o peor aún te enfadas por las demoras y dejas tus compras abandonadas a su suerte, retirándote muy disgustado por el tiempo perdido. Ahora, si lograste soportar la eterna agonía de la fila que aunque eterna habrán pasado a lo sumo 3 minutos, te encuentras con una niña cansada del registro constante pidiendo tu número de cliente frecuente y por obligación de la gerencia ofreciendo los paquetes adicionales para aumentar tu compra, tu tiempo va a ser eterno y vas a querer salir corriendo de allí.

Tu tiempo es el factor más importante, si te obligan a darlo es una tortura, si lo das voluntariamente es un placer.

Veamos este otro ejemplo, vas realizando tu recorrido por

los diferentes oficinas que tienes que visitar en relación a tu trabajo y decidiste entrar a un supermercado a mitad de camino, lo primero en recibirte fue el aroma a pan fresco, junto a él un espacio agradable para sentarse con conexión a internet, el aroma a café recién molido, música suave disponible totalmente para ti; abres tu computador y tienes forma de conectarlo a la energía, te conectas a una reunión virtual o comienzas a escribir el informe de tu empresa, pides tú café y un croissant recién salido del horno y el tic tac del reloj simplemente desaparece, has encontrado un maravilloso refugio para tu tiempo. Luego llega la hora de partir y decides comprar los complementos necesarios para tu casa, la atención de su gente es magnífica y sorpresa, no encuentras filas los puestos Self check out están disponibles para ti, sin complicaciones te vas tranquilo después de una experiencia acogedora.

Pero para que esta última experiencia fuera posible, se debe generar un trabajo tras bambalinas muy grande y estructurado, es un engranaje donde todos los participantes deben tener la experticia necesaria para lograrlo, cómo bailando un vals donde todos saben exactamente lo que tienen que hacer, a eso lo conocemos cómo ´´asegurar el proceso´´.

Ahora para asegurar ese proceso nos hacemos muchas preguntas cómo: ¿En que momento se montaron los pedidos de materia prima para la elaboración de los productos?, ¿cómo fue el cumplimiento de la cadena logística?, ¿cuál fue el proceso de verificación de la calidad recibida en el punto de venta?, ¿cuales fueron los criterios de almacenamiento y la rotación de los productos?, ¿cómo se asignó al personal y la comanda de producción acorde a la venta?, ¿en que franjas se programó el horneo de los productos?, ¿cómo se gestiona la disposición de los productos que no logran ser vendidos?... Todas estas preguntas son el trabajo que operativamente resolvemos y todo esto de una manera armónica en ese constante baile de vals es para que el cliente pueda percibir la calidez del ambiente, o por que otra razón volvería?

El tiempo, esta herramienta poderosa debe jugar a tu favor y no en contra. El tiempo es tan valioso para los clientes cómo para los empleados.
Para estas dos caras de la misma moneda entregar su tiempo no es agradable cuando se sienten maltratados; para el cliente es fácil tomar la decisión de no volver, siempre podrá encontrar otra opción más económica o con mejor servicio, pero para el empleado es más difícil, si bien está anclado a un factor económico será su fidelidad lo que saque lo mejor de él en la ejecución de sus funciones y su servicio.

Nuestra tarea cómo lideres es enfocarnos en los empleados, si invertimos tiempo en nuestros empleados y generamos en ellos un servicio superior, serán ellos los que generen un excelente servicio con nuestros clientes.

Claro, existe otra forma de alcanzar los resultados, el miedo y la manipulación es otra forma, sin embargo funcionaran mientras la presión del líder este presente, este tipo de liderazgo por lo general generará en su equipo un sentimiento de víctimas de violencia psicológica o en otros casos la deserción del talento humano y por ende la pérdida del conocimiento ya adquirido, lo que va a significar un nuevo esfuerzo para volver a formar un nuevo personal.

Se va perdiendo, se va filtrando cómo por un colador el know How de la empresa.

Si queremos ahorrar tiempo, debemos invertir tiempo en la formación integral de nuestro equipo, consolidar las escuelas de formación, y las recapacitaciones que sean necesarias, es mucho más rentable que la auditoria constante basada en el miedo y la amenaza.

Ahora bien, nada remplaza la auditoria, los lideres siempre delegan el proceso más no la responsabilidad, así que después de capacitar y estandarizar el proceso, la auditoria es una pieza fundamentar para convertir de la formación una cultura y una rutina cómo forma específica de hacer las cosas. Una auditoria sin la formación suficiente deteriora el clima laboral y afecta la productividad del equipo.

Les contare una historia, en la ciudad de Medellín Colombia, tienen un sistema metro que atraviesa varios municipios y es ancla fundamental para la movilidad de la ciudad, fue creado en 1995, este sistema integrado de movilidad se destaca por su aseo, organización y conservación de sus instalaciones, realmente da gusto ingresar a sus estaciones de ambiente agradable y realizar recorridos por toda la ciudad. El metro se conecta con otros sistemas de movilidad cómo metrocables, tranvía, Metroplús, alimentadores y hasta bicicletas, el sistema se conserva intacto desde su inauguración sin que los usuarios se atrevan a dañarlo, su gran secreto tiene nombre propio: "Cultura metro."

La cultura metro es un modelo de gestión social,

educativo y cultural del sistema integrado de transporte, se caracteriza por trabajar en la convivencia en armonía, destacar el buen comportamiento, la solidaridad y el respeto de normas básicas de uso de los bienes públicos.

"Nadie da de lo que no tiene."

Para la compañía Metro de Medellín es preciso motivar una transformación de **"adentro hacía afuera"** motivando el amor por su empresa un vínculo profundo y dedicando tiempo a esta filosofía. Es tal así que los talleres del sistema de trasporte se caracterizan por su limpieza y organización, para la empresa es desde allí donde arranca la cultura metro. Es bien sabido que un área de trabajo ordenada ahorra tiempo y motiva a tener espacios agradables para trabajar de forma productiva.

Si inviertes tiempo en difundir permanentemente la cultura organizacional de tu compañía y el amor por la misma, será cómo una filosofía arraigada en los corazones de tus empleados y será justamente eso lo que entregas a tus clientes.

Diferentes estudios han demostrado que el clima organizacional de las empresas es igual a el estado de ánimo de las personas. El estado de ánimo puede ser agradable o desagradable, lleno de color o un mundo gris, será esto una llave de entrada para que las personas y las organizaciones fluyan a través de los retos diarios de la vida o por el contrario para que los proyectos sean entorpecidos por la mala actitud y falta de motivación del equipo.

Hoy el Retail en general tiene la ardua tarea de reducir sus costos de operación, tiempos en los procesos y potencializar las ventas, en la búsqueda de ese camino los altos costos de personal deben ser ajustados, sin embargo la reducción de empleados en los supermercados puede tener un impacto en el crecimiento de las ventas y la afluencia de clientes.

Por un lado una reducción en el número de empleados puede llevar a una disminución en la calidad del servicio al cliente, lo que puede afectar negativamente la experiencia del cliente y en última instancia la lealtad del cliente. Si los clientes no reciben el nivel de servicio que esperan es posible que decidan ir a otro supermercado que ofrezca un mejor servicio.

Por otro lado, una reducción en el número de empleados también puede llevar a una disminución en la eficiencia en el proceso de los pedidos y el reabastecimiento de las estanterías. Si los estantes no están bien surtidos o si los tiempos de espera en la caja registradora son demasiado largos los clientes pueden optar por ir a otro supermercado que ofrezca una mejor experiencia de compra. En términos de crecimiento de ventas, una reducción en el número de empleados también puede tener un impacto negativo. Si los empleados tienen una carga de trabajo demasiado alta, pueden no ser capaces de prestar la atención necesaria a todas las áreas de la tienda, lo que puede resultar en una disminución en la calidad de los productos y la presentación.

Además, si los clientes no están satisfechos con la experiencia de compra es menos probable que regresen a la tienda por lo tanto es menos probable que realicen compras adicionales. La reducción de empleados en los supermercados puede tener un impacto negativo en el crecimiento de las ventas y la afluencia de clientes. Es importante que los supermercados encuentren un equilibrio adecuado entre la eficiencia operativa y la calidad del servicio al cliente para mantener a los clientes satisfechos y fomentar el crecimiento de las ventas.

Existen otros caminos a explorar para el ahorro del tiempo y la alta productividad: La Motivación.

La motivación es un "concepto complejo" que se refiere a los factores que impulsan a una persona a actuar en una determinada dirección o realizar una tarea en particular. La motivación puede ser interna o externa y puede estar influenciada por una variedad de factores, como las necesidades básicas, los valores personales, las metas y objetivos, el ambiente social y cultural, entre otros.

Algunas teorías sugieren que las personas pueden ser motivadas por diferentes tipos de recompensas, como el dinero, el reconocimiento, la satisfacción personal, el sentido de logro o la satisfacción de necesidades intrínsecas, como la autonomía, la competencia y la conexión social. También hay teorías que sugieren que las personas pueden ser motivadas por el deseo de evitar consecuencias negativas, como el castigo o la pérdida de algo valioso. Es importante tener en cuenta que la motivación puede variar de una persona a otra y de una situación a otra. Lo que motiva a una persona en un momento dado puede no ser lo mismo que lo que la motiva en otro momento o lo que motiva a otra persona en la misma situación. Por lo tanto es importante comprender las necesidades y gustos individuales para poder motivar a las personas de manera efectiva.

William Ouchi nació en 1943 en Honolulu, Hawái. Estudio en la universidad de chicago obteniendo su licenciatura y maestría en economía para luego obtener su doctorado de administración de empresas en la universidad de California. Después de enseñar por muchos años en la escuela de negocios, Anderson publico varios libros, entre ellos uno que llamo mucho la atención: "La teoría Z"

Este libro que más adelante se convertiría en todo un best-seller, se basa en la idea de que toda empresa puede mejorar su desempeño mediante la creación de un ambiente de trabajo en el que los empleados se sientan valorados. Basando sus principios en las practicas japonesas y haciendo énfasis en el trabajo en equipo, el autor argumenta que es clave la colaboración y la participación de los empleados en la toma de decisiones, esto último algo difícil de soltar para muchas organizaciones. En la teoría Z se reconoce a los empleados cómo un recurso valioso, un recurso que toda empresa debe cuidar con el fin de que puedan tener un mejor desempeño lo que en consecuencia significa ser más productivos.

Los principales principios de la teoría Z son:
- Los trabajadores quieren sentir seguridad laboral, confiar en que tendrán un empleo de por vida, eso da la confianza y tranquilidad que necesitan con relación a su futuro. De la misma forma que se promueve la confianza en el empleado, se confía que es una persona buena y se trata acorde a este principio.
- Ser escuchados y tener la posibilidad de aportar con sus conocimientos ante la toma de decisiones participando de manera activa, esto sin duda fomenta el sentido de pertenencia y el vínculo de

compromiso del empleado con la empresa.
- El trabajo en equipo debe ser una constante donde desaparecen las fronteras invisibles entre secciones, con el trabajo colaborativo se alcanzan objetivos comunes. En consecuencia, se da más relevancia y protagonismo al desempeño en equipo que al desempeño individual, la comunicación empleado-jefe es abierta y de confianza.
- Hay una permanente búsqueda de la calidad, generando mejoras continuas con una mente muy amplia en la renovación de los procedimientos que nos lleven a este objetivo

En este modelo de la Teoría Z la responsabilidad del líder o del gerente está en el "saber ser" y "saber estar"; con su manera de trabajar y de relacionarse, con la forma cómo se comunica y cómo promueve constantemente los valores corporativos; de esto dependerá que se promocione o no un clima laboral positivo en las empresas el cual será medido por su alto o bajo rendimiento de los objetivos propuestos. La teoría Z nos enseña que se crea un clima organizacional positivo cuando las organizaciones ven a las personas como su recurso más importante, pero no de palabras, de hechos diarios, continuos y sinceros.

Será una de las tareas más importantes del líder, conocer a sus empleados, conocer sus familias, su historia, sus sueños, lo que lo mueve e impulsa día a día, es en esa dedicación de Tiempo, en ese relacionamiento con el otro donde se crean lazos honestos, espacios para entender sus necesidades, su forma de ver la vida; será el camino para construir una motivación en el otro que tenga sentido.

Como líder, es importante tener en cuenta que el miedo no es la mejor forma de motivar a un equipo de trabajo. De hecho, el uso del miedo como motivador no es sostenible a largo plazo y puede generar problemas éticos y de relaciones interpersonales en la organización.

En cambio, se ha demostrado que los líderes más efectivos son aquellos que fomentan un ambiente de trabajo positivo, en el que los empleados se sienten valorados, respetados y apoyados. Esto puede lograrse a través del reconocimiento y la recompensa por el buen desempeño, la creación de oportunidades de desarrollo y crecimiento profesional, la retroalimentación constructiva y la comunicación abierta y honesta.

Es relevante tener en cuenta que los resultados son importantes para el éxito de la organización, pero el camino para lograrlos también es importante. Si los empleados se sienten desmotivados, desvalorizados o incómodos en su lugar de trabajo, es posible que no alcancen su máximo potencial y que los resultados no sean los esperados. Por lo tanto, es importante tener un enfoque equilibrado que tenga en cuenta tanto los resultados como el bienestar y la motivación de los empleados.

Una de las herramientas más importantes para la motivación de los empleados es la comunicación. La comunicación es un aspecto fundamental en el liderazgo de equipos de trabajo. Una buena comunicación puede mejorar la comprensión, la cooperación y el rendimiento del equipo, mientras que una comunicación inadecuada puede generar malentendidos, conflictos y un bajo rendimiento.

Si quieres liderar un equipo de trabajo, hay algunos aspectos importantes de la comunicación a considerar:

3. Claridad. Es importante que los gerentes sean claros y precisos en su comunicación para evitar malentendidos o confusiones. Esto significa usar un lenguaje claro y simple, evitando la jerga innecesaria y asegurándose de que el mensaje se entienda correctamente.

2. Escucha activa: Un gerente también debe ser un buen oyente, consciente de las necesidades y preocupaciones de los empleados, y darles espacio para expresarse y compartir ideas.

3. Comentarios: Es importante dar a los empleados comentarios constructivos y específicos sobre su desempeño, así como sus pensamientos y sugerencias. La retroalimentación debe ser oportuna, clara y orientada a la solución.

4. Comunicación abierta y transparente: Los líderes deben fomentar una cultura de comunicación abierta y honesta que valore las diversas perspectivas y comparta información relevante de manera transparente.

5. Adaptabilidad: Los gerentes deben ser capaces de adaptar su estilo de comunicación a las necesidades y características individuales de los empleados, teniendo en cuenta factores como la edad, la experiencia y la cultura.

6. Comunicación no verbal: La comunicación no verbal, como el lenguaje corporal y las expresiones faciales, también son importantes en la comunicación efectiva. Los líderes deben ser conscientes de su propio lenguaje no verbal y el de los demás para asegurarse de que el mensaje se transmita correctamente.

Una comunicación efectiva requiere claridad, escucha activa, retroalimentación constructiva, apertura y transparencia, adaptabilidad y atención a la comunicación no verbal. El líder que pueda dominar estos aspectos podrá liderar equipos de trabajo de manera más efectiva.

Otra herramienta que utiliza un buen líder es el Respeto. El respeto es un valor fundamental en cualquier lugar y entorno laboral. Fomentar un ambiente de respeto en el trabajo puede mejorar la moral y la motivación de los empleados, y contribuir a una mayor productividad y eficacia en el equipo. A continuación te presento algunas formas para difundir el respeto en el trabajo:

1. Establezca expectativas claras: Es importante que los gerentes tengan expectativas claras de lo que pueden esperar del respeto en el lugar de trabajo. Esto puede incluir políticas y procedimientos para el acoso, la discriminación y otros tipos de mala conducta.

2. Capacitación: Es importante que los empleados reciban capacitación sobre el respeto en el lugar de trabajo, incluido cómo reconocer y abordar el acoso y la discriminación. La capacitación también puede incluir habilidades para la comunicación efectiva y la resolución de

conflictos.

3. Comunicación abierta: Fomentar una cultura de comunicación abierta y honesta en el lugar de trabajo puede ayudar a prevenir malentendidos y conflictos relacionados con el respeto. Los gerentes siempre deben escuchar las inquietudes de los empleados y abordarlas de inmediato.

4. Modele un comportamiento respetuoso: Los líderes y gerentes deben modelar un comportamiento respetuoso y crear un entorno que respete las diferencias individuales.

5. Reconocimiento y recompensa: Es importante reconocer y recompensar a los empleados que demuestran un comportamiento respetuoso en el trabajo. Esto puede incluir reconocimiento público, premios e incentivos financieros.

6. Evaluaciones del clima laboral: Es importante realizar evaluaciones periódicas del clima laboral para identificar problemas relacionados con el respeto y abordarlos con prontitud.

Para un buen liderazgo dentro de una organización de trabajo difundir el respeto en el trabajo implica establecer expectativas claras, brindar capacitación, fomentar una comunicación abierta, modelar comportamientos respetuosos, reconocer y recompensar a los empleados y realizar evaluaciones periódicas del clima laboral. Al fomentar un ambiente de respeto en el lugar de trabajo, se puede mejorar la calidad de vida de los empleados y la eficacia del equipo.

En el mundo mágico de Disney World, las personas trabajan en lo que les gusta, pero en la vida real esto muy pocas veces sucede, la mayoría de las personas que hacen parte del servicio al cliente llegan por sus necesidades económicas a trabajar en lo que les toque y en el mejor de los casos tienen que encontrarle el gusto al trabajo.

Lograr crear un vínculo entre lo que hacen y la realización de sus propios sueños determina el futuro y éxito del trabajo de cada persona.

Cómo puede una empresa lograr que sus empleados sientan amor por su empresa?

Es importante señalar que es imposible obligar a alguien a amar su trabajo, porque los sentimientos y las emociones son internos y personales. Pero como empleador, hay algunas cosas que puede hacer para fomentar una cultura laboral positiva y motivar a sus empleados a estar más comprometidos y satisfechos en el trabajo:

1. Proporcione un ambiente de trabajo positivo: Asegúrese de que su lugar de trabajo sea un ambiente cómodo, agradable y seguro donde los empleados se sientan valorados y respetados.

2. Brinda oportunidades para el desarrollo profesional: Brinda oportunidades de capacitación y desarrollo para que los empleados mejoren sus habilidades y avancen en sus carreras.

3. Reconoce y premiar el buen desempeño: Reconoce y premia públicamente a los empleados que hacen un buen trabajo para demostrar que valoras y aprecias su esfuerzo y dedicación.

4. Fomenta la cooperación y el trabajo en equipo: Se anima a los empleados a trabajar juntos en proyectos y tareas, lo que puede aumentar la motivación y el sentido de pertenencia al equipo.

5. Proporcione un propósito significativo: Ayude a los empleados a comprender cómo su trabajo contribuye a la misión y los objetivos de la empresa y cómo puede impactar positivamente en la comunidad o la sociedad en general.

Amazon se preocupa por su cultura empresarial, por ende, para Amazon es muy importante fomentar la colaboración, la creatividad y la eficiencia; dentro de sus estrategias los lideres están enfocados en "Servir" a sus colaboradores en lugar de "controlarlos" esto en esencia se basa en la disposición del líder para resolver los problemas de sus equipos y no solamente para dar órdenes. Dentro del reglamento de la empresa se destacan valores cómo la obsesión por el cliente, la humildad un valor muy importante ya que significa la capacidad de conocer sus propios límites, evitando juzgar a los demás y con la capacidad de ponerse en los zapatos del otro, para algunos lideres esto significa debilidad y es un valor discriminado. Otra característica de Amazon es que empodera a sus empleados para que tengan la capacidad de tomar decisiones rápidas y por supuesto trabaja en las lecciones aprendidas, que es la capacidad de aprender de sus fracasos.

Amazon tiene una práctica muy particular en sus

reuniones de trabajo, "Las reuniones son de pie." Para Amazon las reuniones deben ser cortas así que esto obliga a que sean enfocadas. Amazon desapareció las presentaciones en PowerPoint y las remplazo por "Estructura Narrativa" en otras palabras cuentan el cuento completo, con esta práctica los empleados escriben documentos narrativos detallados donde explican sus ideas y propuestas de forma clara y concisa. La búsqueda de la innovación es con lo que desayunan todos los días, para ellos cada día es cómo el día 1.

Para Amazon mantener motivado a su equipo es fundamental, es por ello que ofrece un portafolio muy amplio de oportunidades para el desarrollo profesional de su equipo, a medida que la compañía va avanzando le permite a sus empleados ascender dentro de ella.

Amazon no felicita a sus empleados cuando hacen las cosas bien, Amazon realiza un "Reconocimiento" a los logros alcanzados, la diferencia entre felicitar y reconocer en el otro son abismales y esta muy bien definida en la filosofía de la compañía, dentro de sus programas de reconocimiento incluye bonificaciones, premios en efectivo y otros incentivos económicos.

IKEA por su parte, trabaja en el desarrollo de un ambiente de trabajo agradable para todos sus empleados, promociona constantemente los valores de la empresa, fomenta la participación de los empleados en la toma de decisiones y cuenta con un modelo conocido como "el plan carrera," dándole oportunidad de desarrollo a sus empleados profesionalmente, lo que le permitirá más adelante ocupar otros cargos con mayor ingreso económico; Ikea motiva a sus empleados con planes complementarios de salud, descuentos especiales en productos de la empresa y días de descanso adicionales. La empresa promueve el ambiente de trabajo agradable y cómodo para sus empleados lo que incluye creación de espacios de trabajo flexibles y el trabajo en equipo.

Y que tal un café con el gerente?

Si en alguna ocasión tu jefe te ha invitado a tomar un café, en hora buena, eres un gran afortunado, si son más de dos eres un bendecido del destino, pero tú has invitado a tus empleados a tomar un café?
Crear espacios de dialogo rompen el hielo y te hacen ser más humano, recordemos que somos seres humanos atendiendo a seres humanos, son muchas cosas las que le suceden a tus empleados y a veces no te das cuenta, así que propiciar los espacios de conversación informal lejos de la amenazante gerencia estimulan los lazos de confianza y la comunicación abierta, son espacios muy importantes, si escuchas a tus empleados ellos escucharan a tus clientes.

Otro ejercicio que te recomiendo muy motivador son los pequeños foros de conversación, reúnes a 5 o 6 colaboradores y mientras toman un café desarrollas una serie de preguntas que te van llevando por el conocimiento interior, cómo por ejemplo que los motiva, la comprensión de los sentimientos humanos, el sentido del trabajo en sus vidas y su contribución para con el desarrollo de la empresa; este navegar donde le permites al grupo conocerse interiormente rompe muchos paradigmas y motiva el orgullo por su familia, su trabajo y el sentido que tiene este último en su vida.
Te compartiré un ejemplo de cómo puedes direccionar el foro, este lleva en promedio de 1 hora para 5 empleados, se

recomienda que sean grupos pequeños, aunque en cada ocasión se abordan las mismas preguntas es sorprendente cómo en cada diferente foro la profundidad y el contexto varía, tu solo los vas orientando en su auto conocimiento.

Foro de Conversación.
Preguntas al auditorio:
1) En el mundo existen preguntas que a veces no nos hacemos pero que al menos en una ocasión en la vida es bueno hacerlas, ¿Para qué crees que tu viniste a este mundo?
   a) Sin duda, abrir el foro con esta pregunta causa risa y desconcierto, no es normal que tu jefe pregunte cosas personales cuando solamente se habla del trabajo
   b) No existen respuestas correctas o incorrectas, la realidad de cada persona es individual y diferente
2) ¿Qué crees tú que significa ser feliz?
   a) Exploramos lo que entienden las personas por felicidad, para muchos ser feliz estará relacionado con la salud y la felicidad de sus seres queridos
3) ¿Qué te hace sentir la felicidad?
   a) Teniendo claro lo que significa felicidad para cada uno, la pregunta se traslada a los sentimientos de cada persona y su relación con la felicidad
   b) En esta primera parte estamos explorando a las personas desde el "Ser" es justamente allí donde reside la motivación de cada persona, su llama interna, es aquí donde se alimenta la actitud positiva o negativa de los seres humanos.
4) Aquí puedes contar una historia relacionada con el poder de una visión positiva del futuro, en el

documental "El poder de una visión" por Joel Arthur, cuenta la historia de Víctor Frankl. Era un psiquiatra en Viena, tenía su consultorio y vivía bien, era judío. Al estallar la Segunda Guerra Mundial fue arrestado por los nazis junto a otros miles y conducido en vagones de trenes hasta los campos de concentración. Cuando llegó, Frankl se propuso tres objetivos: 1.Sobrevivir, 2.Utilizar sus conocimientos médicos y ayudar en lo posible y 3.Tratar de aprender algo.

5) ¡Imagínese! tratar de aprender algo en medio del holocausto… La mayoría de los prisioneros fueron ejecutados al poco tiempo de llegar. Frankl escribió un libro sobre aquellos que como él fueron forzados a trabajar bajo las condiciones más espantosas. Millones murieron, sin embargo entre aquellos que sobrevivieron Víctor Frankl encontró un elemento en común, una característica esencial para la supervivencia. Todos aquellos que lograron sobrevivir tenían "aún algo de gran importancia por realizar en el futuro." En una ocasión, dos hombres iban a suicidarse, esto ocurría con frecuencia en este campo de concentración, pero los amigos les salvaron literalmente la vida al recordarles el futuro. Para uno de ellos era su hijo, a quien adoraba y que le esperaba en otro país, para el otro era una cosa, no una persona. Este hombre era un científico y había escrito una serie de libros que aún debían ser terminados. Nadie más podía finalizar su obra, y al señalarle su responsabilidad para con su futuro le hicieron encontrar la fuerza necesaria para continuar y sobrevivir.

Así cómo en esta historia de la vida real, en nuestra vida hay cosas que nadie puede hacer por nosotros, nunca nadie las hará. Que tienes que hacer en esta vida, que

nadie puede hacer por ti?
   a) Estos momentos de reflexión son muy importantes escucharlos de cada uno de los participantes.
6) En algún momento llegara el fin de la historia para cada uno de nosotros, pero todos anhelamos que si existe el cielo podamos llegar allí... ¿Que "sentimientos" podrían existir en el cielo?
   a) En esta pregunta exploramos los sentimientos positivos de los seres humanos
7) En el hipotético caso de no llegar al cielo, sino al infierno: ¿Que sentimientos creen que existen en el infierno?
   a) En esta pregunta exploramos los sentimientos negativos de los seres humanos
8) Los psicólogos nos explican que "las cosas no nos afectan por lo que son, sino por lo que pensamos acerca de ellas" De seguro todos esos sentimientos positivos que vivimos a diario nos hace sentir en el cielo, y todos aquellos sentimientos negativos que vivimos a diario, nos hacen sentir en el infierno. Para los Japoneses, la palabra crisis (problema), en japonés (危機=kiki) está compuesta por los caracteres 危=»peligro» y 機=»oportunidad».
Los japoneses son muy conscientes de que cada problema es una oportunidad para hacerlo mejor, para comenzar de nuevo, para explorar nuevos caminos, para aprender algo nuevo.
9) Ahora imagina que acabas de salir de tu trabajo, vas apurado para tu casa, pasas la calle pero no te percatas que viene un vehículo a alta velocidad, de pronto todo se vuelve blanco, no sientes nada, solo paz, una voz tenue de algún lugar te dice: Fuiste una gran persona, es

por ello que te concedo 1 minuto para que te despidas de una persona, la que tú quieras ¿De quién te despedirías y que le dirías?
   a) Maneja este momento de manera respetuosa y muy atenta. Déjalos expresar a voluntad.
10) Hablemos del tiempo, el tiempo es un recurso no renovable, todos sabemos cuánto tiempo ya ha pasado de nuestras vidas, pero no sabemos cuánto tiempo nos queda. Se parece a un reloj de arena donde solo vemos la parte de abajo, y sin saber cuánta arena falta por correr intentamos aprovechar ese pequeño espacio por donde va cayendo, ese es el presente, lo único que en realidad tenemos. Siendo conscientes de la importancia del tiempo ¿Cuánto tiempo le dedicamos a nuestras familias?
   a) Aquí puedes debatir cuanto tiempo al día dedicas para dormir, para estar en el tráfico, para trabajar, ver televisión y cuánto tiempo consciente para estar con la familia.
11) En ocasiones dedicamos más tiempo a nuestro trabajo que a nuestra familia, nuestro recurso no renovable se va entre los dedos, ¿Qué sentido tiene estar aquí en el trabajo y no en tu casa?
   a) Esta pregunta les permite explorar en su defensa, el sentido que tiene dedicar tanto tiempo a su trabajo y la motivación real de porque lo hacen
12) ¿Qué le aporta su trabajo al bienestar de su familia?
   a) Asociamos el ser con el hacer
13) ¿Cómo puede contribuir usted desde su rol para que su empresa dure en el tiempo?
   a) Sentido de pertenencia
14) ¿Qué quieren los clientes?
   a) Entendimiento del servicio

15) ¿Por qué para los clientes es importante que le respeten su tiempo y los atiendan con agilidad?
    a) Comprensión del tiempo del cliente
16) ¿Para los clientes que es un precio justo?
    a) Relación precio calidad
17) ¿De quién es la responsabilidad de que los clientes tengan una experiencia de compra superior?
    a) Compromiso con la compañía
18) ¿Cómo puedo yo (cada uno) desde mi rol, brindar una experiencia de compra extraordinaria?
    a) Promesa individual de servicio
19) Nosotros los seres humanos, tenemos muchos sueños, muchas metas por alcanzar, queremos tener una cosa u otra, sin embargo la palabra "querer" es bonita pero no nos lleva a ninguna parte. Cuenta la leyenda que Alejandro Magno se dirigió a atacar la costa de Fenicia con su propio ejército, sin embargo y tras un primer lance, se vieron sorprendidos por el número de fuerzas de defensa rivales que lo superaban 3 a 1 antes de llegar a tierra firme. Alejandro Magno sabía que no existía otro camino, "Tenían que" conquistar. "Tenían que", no era si querían o si les gustaba… Tenían que! Así que dio la única orden que podía dar: "Quemad los barcos!!" reunió a su ejército y les dijo: "Observad cómo se queman los barcos"... Esa es la única razón por la que debemos vencer, ya que si no ganamos no podremos volver a nuestros hogares y ninguno de nosotros podrá reunirse con su familia nuevamente, ni podrá abandonar esta tierra que hoy despreciamos. Debemos salir victoriosos en esta batalla ya que solo hay un camino de vuelta y es por el mar. Lo haremos de la única forma posible, en los barcos de nuestros enemigos!
En la vida si queremos alcanzar nuestros sueños

Tenemos que hacer que las cosas pasen. "Tenemos que quemar nuestros barcos" sin vuelta a atrás, sin importar los desafíos, no existe otra opción. ¿Que **Tienes tu que hacer** para contribuir con el desarrollo de tu empresa y brindar una experiencia de compra superior para tus clientes?

Al final da las gracias a tus colaboradores por sus compromisos y por compartir ese espacio contigo.

Para las empresas, la capacidad de crear un ambiente de trabajo positivo con oportunidades de crecimiento y reconocimiento puede conducir a empleados más motivados y comprometidos, lo que puede generar una mayor satisfacción laboral y en algunos casos, amor por el trabajo.

3. LOS HARD DISCOUNT

Cuando Saunders estaba creando a Piggly Wiggly en Memphis Tennessee pensó en ofrecerle al cliente "Un precio justo" generalmente significa que el precio que están pagando por un producto o servicio es razonable y está en línea con lo que esperan pagar por ese producto o servicio. Esto puede variar según la situación y las expectativas del cliente, pero en general un precio justo para un cliente es aquel que se percibe como justo y razonable en comparación con otros precios en el mercado.

Los clientes pueden evaluar la justicia del precio de varias maneras, como comparando precios con otros minoristas, evaluando la calidad del producto o servicio en relación con el precio, o considerando si están obteniendo un buen valor por su dinero. También pueden considerar factores como la reputación de la empresa, la disponibilidad y el nivel de servicio al cliente que se ofrece. Para un cliente, un precio justo es aquel que se percibe como razonable y en línea con las expectativas del mercado en función de la calidad del producto o servicio y otros factores relevantes.

Para algunos clientes un precio justo está directamente relacionado a la calidad, cuando un cliente es sensible a la calidad, significa que la calidad de un producto o servicio es un factor importante para él o ella al momento de tomar una decisión de compra. El cliente busca obtener un alto nivel de calidad en el producto o servicio que está adquiriendo y está dispuesto a pagar un precio más alto por ello.

La sensibilidad a la calidad puede variar dependiendo del tipo de producto o servicio que se esté ofreciendo, así como del mercado al que se dirige. Por ejemplo, los clientes que compran productos de alta tecnología como smartphones o computadoras pueden ser muy sensibles a la calidad, mientras que los clientes que compran productos de consumo masivo como alimentos o productos de limpieza pueden ser menos sensibles a la calidad y más sensibles al precio.

Es importante que las empresas comprendan el nivel de sensibilidad a la calidad de sus clientes para poder ofrecer productos y servicios que satisfagan sus necesidades y expectativas. Esto puede lograrse a través de la investigación de mercado, el monitoreo de la retroalimentación de los clientes y la mejora continua de los procesos de producción y servicio al cliente.

Desde los comienzos del Retail también nació la guerra de precios, cada tienda busca captar la atención de los clientes y lealtad de los consumidores, a medida que se han expandido las opciones de compra y los consumidores se han vuelto más informados y exigentes, las empresas minoristas han tenido que ajustar sus estrategias de precios para mantenerse competitivas. Con el desarrollo de las grandes cadenas de supermercados ha crecido el musculo de negociación mucho más fuerte con los proveedores, lo que les permite obtener precios más bajos y ofrecer precios más competitivos a los consumidores.

Muchas empresas minoristas han optado por estrategias de precios agresivos, la promoción de ventas y el uso de programas de fidelidad, para atraer a los consumidores y mantener su lealtad. Sin embargo, esta estrategia puede tener un impacto en la rentabilidad a largo plazo de las empresas, y puede dar lugar a una guerra de precios en la que las empresas luchan por ofrecer los precios más bajos posibles para mantenerse competitivas.

Fue en 1945, Alemania, en un momento difícil para la población alemana que estaba justo en la pos guerra de la segunda guerra mundial, cuando dos hermanos Theo y Karl Albrecht, en la pequeña población de Essen fundaron Aldi.

En aquel entonces, decidieron hacerse cargo del pequeño negocio de alimentación que su familia gestionaba desde el año 1913 con una premisa bien clara: "Conocer al cliente para poder darle siempre lo que necesita al mejor precio"

Hoy los supermercados que conocemos cómo Hard Discount tienen cómo enfoque ofrecer productos a precios muy bajos. Esto ha sido posible gracias a su modelo de negocio que se basa en reducir costos a través de la limitación de la selección de productos y servicios, la compra en grandes cantidades directamente de los fabricantes y la reducción de gastos en publicidad y promoción.

Uno de los grandes secretos de Aldi es construir una marca de confianza entre los consumidores, gracias a su compromiso con la calidad de los productos que ofrecen y la simplicidad de su modelo de negocio. Si bien es criticada por el arduo trabajo de los pocos empleados que operan en sus tiendas, lo que si es cierto son sus altas rentabilidades en su modelo de negocio.

Las marcas propias de Aldi se destacan por su calidad y si bien sí invierten en la calidad, no lo hacen en las exhibiciones que inicialmente solo estaban sobre estibas de madera. Hoy con más de 11 mil sucursales se destacan por estar ubicadas muy cercas de los lugares residenciales.

Con el tiempo llego la competencia, para la década de 1960 llego la cadena francesa Lidl quien también comenzó a operar en esta época, expandiéndose rápidamente por Europa.

Lidl cuenta con 3.300 tiendas de descuento y es el segundo grupo por detrás de Aldi, a nivel mundial la cifra se eleva a 10 000 locales.

Lidl asegura que un 70% de sus artículos son de proveedores nacionales, mientras que el resto proceden en su mayoría de distribuidores alemanes; al igual que sucede en otros establecimientos de descuento duro como Aldi, se reduce el gasto en decoración y mantenimiento. Los artículos perecederos suelen venderse envasados y sin líneas de personal para carnicería o pescadería, como sucede en un hipermercado tradicional. Del mismo modo, los empleados son pocos y desempeñan diversas funciones para rebajar los costos de personal.

Lidl desafortunadamente ha sido cuestionado públicamente y en diferentes ocasiones por presuntos incumplimientos de las directivas europeas a los derechos laborales, en el año de 2014 el sindicato alemán y la federación mundial publicaron el libro: el Black Book on the Schwarz Retail Company (Libro Negro del Grupo Schwarz), en el que se documentan diversas denuncias de antiguos trabajadores de los supermercados donde se destacaba Lidl.

Ya para el año 1970 llega otro nuevo jugador en el mundo de los Hard Discount, las tiendas Día.

Las tiendas Día, fueron las primeras Hard Discount en España, ya llevan más de 40 años, fue Antonio Fernández su fundador quien al comienzo se enfocó en vender productos a bajo costo y con una variedad amplia en su portafolio que incluía alimentos, droguería, perfumería y productos para el hogar; fue para el año 1996 cuando se expande y abre su primera tienda en Portugal, desde entonces ha continuado con su expansión y ya cuenta con más de 6000 tiendas en todo el mundo.

En los últimos años las tiendas Día han sufrido dificultades financieras pero siguen siendo de las más grandes en el Hard Discount.

Avanza el tiempo y los Hard Discount se van

apoderando del mundo cómo Netto en Dinamarca, Netto es un supermercado danés que ofrece grandes descuentos y está presente también en Alemania, Suecia y Polonia.

Fue fundado en 1981 y actualmente, cuenta con un total de 442 tiendas;

Penny Market en Italia, es una empresa germano-francesa con sede en Alemania, que opera 3550 tiendas.

Biedronka en Polonia, Biedronka es una cadena de tiendas de descuento polaca fundada en 1995 por el empresario polaco Jerzy Lubianiecs. Abre la primera tienda Biedronka en Plok, Polonia, estas tiendas de Hard Discount crecen rápidamente hasta convertirse en una de las cadenas de descuento más grandes de Europa. La estrategia de Biedronka se centra en productos de alta calidad a precios muy bajos y ha tenido mucho éxito en Polonia y otros países de Europa Central y del Este. La cadena amplió su presencia en países como Portugal y España y ahora cuenta con más de 3.000 tiendas en toda Europa. Biedronka es propiedad del conglomerado portugués Jerónimo Martins, quien compró la cadena en 1995. Desde entonces, la cadena ha seguido ampliando y diversificando su oferta de productos, incluida una amplia gama de artículos alimentarios y no alimentarios.

Norma en Alemania, es una empresa fundada en la ciudad de Nuremberg, año 1964 por Michael y Ruth Roth. Desde entonces esta cadena no para de crecer en toda Europa.

Bim en Turquía, fundada en 1995 comenzó con solo una tienda en Estambul pero muy pronto logro convertirse en una gran cadena de supermercados en todo Turquía.

Aquí un dato interesante: El nombre de Bim significa: "Cada cosa en su lugar" en el idioma turco y se especializa en vender productos económicos de muy buena calidad. Actualmente Bim cuenta con más de 10.000 tiendas en tres continentes incluyendo Egipto, Turquía, Marruecos, Arabia Saudita y África del norte.

Tottus en Perú, aunque esta cadena de supermercados tiene origen en Chile, fue en el año 2002 cuando el grupo Falabella con mucha experiencia en las tiendas por departamentos decidió incursionar en este nuevo modelo de negocio y un año después ya estaba en Perú y se expandió rápidamente.

La Anónima en Argentina; La cadena de supermercados Anónima fundada en 1908 por los hermanos Brown en el municipio de Comodoro Ribadavia, provincia de Chubut, Argentina. La empresa comenzó como una pequeña tienda de abarrotes básicos y se expandió con el tiempo para ofrecer una amplia gama de productos a precios competitivos. En la década de 1960 fue cuando La Anónima comenzó a expandirse, abriendo tiendas en varios puntos de la Patagonia Argentina. En las siguientes décadas la cadena de supermercados siguió creciendo y diversificando su gama de productos, convirtiéndose en una de las principales cadenas de supermercados del país. Actualmente La Anónima cuenta con más de 160 tiendas en diferentes provincias de Argentina, incluyendo Buenos Aires, Santa Fe, Córdoba, Neiken, Chubut, Rionegro, etc.

Si bien la apuesta de todas estas empresas son los precios bajos y los bajos costos logísticos, son cuestionados por el poco personal frente a las arduas tareas de trabajo y por los años que toma llegar a un punto de equilibrio.

Algunos escándalos por maltrato laboral se fueron filtrando, Lidl en Alemania, en 2018, varios medios alemanes informaron que la cadena de supermercados de descuento Lidl trabajaba horas extras no remuneradas, sobrecargaba a los empleados y les exigía que trabajaran en condiciones inseguras. La empresa se compromete a investigar las denuncias y mejorar las condiciones de trabajo de los empleados.

Tiendas Dia, España, en 2019, la cadena de supermercados española Dia fue criticada por hacer trabajar demasiado a sus empleados; los trabajadores los han acusado de ser obligados a trabajar más horas de las que permite la ley y de que les paguen menos del salario mínimo. La empresa prometió mejorar las condiciones de trabajo y aumentar la seguridad laboral.

Otro caso de escándalo por maltrato laboral se dio con Aldi en Australia: en 2021, la cadena de supermercados de gran descuento Aldi fue acusada de sobrecargar a su personal australiano. Los trabajadores informaron que se vieron obligados a trabajar horas extras no remuneradas y tuvieron que trabajar en condiciones inseguras. La empresa también se compromete a investigar las denuncias y mejorar las condiciones de trabajo de sus empleados.

Con el surgimiento y apogeo de los Hard Discount las grandes víctimas fueron las tiendas de barrio, sin embargo muchas han sobrevivido al embate de los Hard Discount ya que cuentan con un arma secreta.

Las tiendas de barrio son pequeños establecimientos donde en la mayoría de los casos la persona que atiende es el mismo dueño, ubicadas en áreas residenciales suelen ser los amigos del barrio, mantienen una relación muy cercana con los habitantes del sector y su subsistencia básicamente depende de la lealtad de sus clientes, lo que fideliza a sus clientes no son sus precios pues no tienen el musculo financiero para negociar precios bajos, básicamente su fortaleza está en su servicio.

Es ahí nuevamente donde sale a flote que un buen servicio personalizado fideliza al cliente aún ante muchas opciones de compra y ante una fuerte competencia de precios bajos.

Una guerra silenciosa se ha librado en los últimos años entre los Hard Discount y los Supermercados de modelo tradicional, mientras los Hard Discount buscan tener los menores precios a toda costa, los supermercados encuentran su camino en la amplia variedad de productos y servicios, sin duda los Hard Discount han ganado terreno no solo por suplir las necesidades del cliente de encontrar precios más bajos, también se han ajustado en sus costos de operación y en la búsqueda de soluciones para operar de una manera más eficiente; los supermercados no se han quedado quietos, el desarrollo de marcas propias y la definición de productos específicos que igualen o estén por debajo de sus precios, por otra parte, los supermercados han trabajado en mejorar la calidad de los productos, esto último sumado a una buena experiencia de compra se relaciona directamente con la percepción de un precio justo.

Servicios complementarios y la omnicanalidad representan una solución cómoda de cara a los clientes para poder adquirir sus productos en línea y sin demoras.

Esta guerra intensa a cerrado brechas donde el cliente finalmente se ve beneficiado por la alta competencia pero donde los pequeños supermercados se van quedando atrás y se han visto forzados a cerrar sus puertas.

4. UNA EXPERIENCIA EXTRAORDINARIA

Si vamos a hablar de experiencias extraordinarias, tenemos que hablar de Walter.

Walter Elias nació en Chicago, Ilinois el 5 de diciembre de 1901 y su apellido lo conocemos todos, era Disney.

Walter desde muy pequeño demostró su interés por el

dibujo y tuvo la oportunidad de asistir a clases de arte. Sus primeros bocetos los vendió a la edad de 6 años pero a raíz de la enfermedad de su padre debió mudarse a Kansas City. En su adolescencia comenzó a trabajar cómo repartidor de periódicos pero su pasión la encontraba en el periódico del colegio donde tenía la oportunidad de hacer historietas sobre temas políticos o sobre la primera guerra mundial . Con un espíritu aventurero falsificó los papeles para ingresar a la milicia y viajo cómo soldado a Europa donde manejaba una ambulancia pero afortunadamente no tuvo que entrar en combate.

Con el tiempo regreso a Kansas City y comenzó a trabajar como aprendiz en la empresa Pesmen-Rubin Commercial Art Studio, fue en este lugar donde conoció a un gran animador y técnico en efectos especiales Ubbe Iwerks, quien se volvería su amigo y con el que fundaría su primera empresa: Iwerks-Disney Commercial Artists; lastimosamente esta empresa solo duro un mes, ambos ingresaron a trabajar a una empresa llamada Film Ad, donde adquirió gran parte de sus conocimientos y ya mucho más preparado, para el año de 1922 fundó su empresa Laugh-O-Gram Films donde desarrollo cortos infantiles, es allí donde nace La Cenicienta y El Gato con Botas.

Walter un año después pierde a su cliente más importante así que decide trasladarse a Hollywood y es allí donde funda junto con su hermano a Disney Brothers Studio, con el tiempo su amigo Ubbe Iwerks se une a la empresa y le da el tiempo a Walter a dedicarse a crear sus personajes.

Después de muchos altibajos, en 1925 mientras realizaba un viaje a Nueva York, Walter creo a su personaje más importante, al que en un principio llamó Mortimer, aunque por sugerencia de su esposa se acabaría llamando Mickey.

Walter solía decir: "Piensa, Sueña, Cree y Atrévete". "Si tienes un sueño y crees en él, corres el riesgo de que se convierta en realidad". "Pregúntate si lo que estás haciendo hoy, te llevará a donde quieres llegar mañana". "No duermas para descansar, duerme para soñar".

Hoy en día 82.000 personas cada día ingresan a los parques de Disney, a pesar de haber pasado tantos años desde la inauguración de su primer parque Magic Kingdom en 1971 siguen y siguen llegando personas de todo el mundo, todos quieren vivir el sueño de Walt Disney.

Más allá de las montañas rusas y los espectáculos en vivo, los parques ofrecen una experiencia que te sumerge en el mundo de la fantasía, los visitantes escapan de la realidad de su rutina diaria para estar inmersos en un ambiente mágico y divertido. Al vivir estos momentos junto a sus familias se convierten en recuerdos inolvidables.

Walter triunfo en algo muy importante, creó una experiencia única y extraordinaria en la mente de sus clientes.

Si en algo deben estar trabajando las organizaciones es en crear experiencias extraordinarias y diferenciadoras, en un mundo tan competitivo cómo en el que vivimos, será este el factor preponderante a la hora de elegir, cuando la experiencia del cliente es extraordinaria el costo estará directamente relacionado con la calidad de esa experiencia y por ende no podrá ser comparada.

Entrar en una guerra de precios es siempre una apuesta peligrosa, significa renunciar a muchas cosas y entre ellas a lo que te hace diferente, una mejor apuesta siempre estará en la innovación y en la diferenciación con tu competencia.

Para crear experiencias memorables en ocasiones son solo pequeños detalles los que enamoran a nuestros clientes y los que impulsan a regresar, la amabilidad, la sonrisa, el interés sincero compensa un producto agotado e incluso una experiencia no tan afortunada. La calidez de las personas que interactúan con nuestros clientes son siempre una inversión ganadora, encontrar personal con actitud de servicio no es tarea fácil, en ocasiones encontrarás personas muy técnicas y capaces de realizar hasta las más complejas tareas pero si son apáticos y carecen de actitud de servicio harán un daño enorme en la percepción que tienen tus clientes de tu empresa. Los lideres tienen la misión de enamorar a los empleados, es difícil pensar que después de regaños públicos a grito herido o después de ofender a un empleado ante la ineptitud por no desarrollar una tarea especifica, él va a atender a sus clientes con una sonrisa de amabilidad sincera y acogerá los reclamos de un cliente aireado con paciencia e inteligencia emocional mientras aprovecha la velocidad de pensamientos para encontrar la mejor solución que satisfaga las necesidades de su cliente…. La respuesta es no, date por bien servido si no termina colocando los productos sobre la cabeza de ese cliente. Y es de entender que tratamos con seres humanos que atienden a otros seres humanos, personas con necesidades, frustraciones, sueños, anhelos, alegrías y tristezas, personas que sienten, que se someten a trabajos que seguramente no les gustan por sus necesidades económicas, por llevar el pan a la mesa de su familia y en mundos tan complejos cómo el retal no será fácil hacerlo.

Entonces, Cómo podemos enamorar a nuestros empleados de su trabajo? La respuesta está en crear sentido. Nuestros colaboradores se enamoran de su trabajo cuando encuentran sentido, cuando su trabajo aporta a un profundo propósito en su vida.

¿Y cómo podemos saber cuál es el propósito de su vida? Solo tenemos un camino. Escuchándolos.

Las grandes empresas son conscientes del alto costo que significa perder a un cliente, es por ello que la búsqueda de una experiencia extraordinaria será una constante y una prioridad.

Amazon, la empresa líder en el mercado tiene una sólida reputación por su servicio al cliente; Amazon ofrece una gran selección de productos, entrega rápida y lo más importante: Devoluciones sin problemas. Además, su sistema de comentarios y calificaciones permite a los consumidores tomar decisiones de compra informadas.

Zappos es una empresa de comercio electrónico que se especializa en vender zapatos y ropa en línea. Fundada en 1999 por Nick Swinmurn, a quien se le ocurrió la idea de una tienda de zapatos en línea después de que no pudo encontrar un par de zapatos en una tienda local. El nombre "Zappos" es una variación de la palabra española "zapatos".

En los primeros días, Zappos luchó por atraer clientes y ganar dinero. Pero en 2003, la compañía descubrió lo que se convertiría en su secreto más grande: introdujo una política de envíos y devoluciones gratis, lo que resultó en un aumento significativo de las ventas. La compañía también se enfoca en un excelente servicio al cliente, lo que la ayuda a destacarse de la competencia. En 2009, Amazon adquirió Zappos por aproximadamente 1.200 millones de dólares. Sin embargo, Zappos mantiene su marca y Amazon opera de forma independiente. La importancia de Zappos en el mercado es su enfoque en el servicio al cliente y la experiencia de compra. La compañía ha sido reconocida por su cultura corporativa única y su compromiso con la satisfacción del cliente, sus representantes de servicio al cliente están disponibles 24/7 para ayudar a los compradores con cualquier pregunta o problema.

Nordstrom es una cadena de grandes almacenes fundada en 1901 por John W. Nordstrom y Carl F. Wolin. En los primeros años, la tienda vendía principalmente zapatos y ropa para hombres. Sin embargo, en la década de 1960, la empresa comenzó a expandirse y ofrecer una gama más amplia de productos.

En Nordstrom "El cliente siempre tiene la razón", La empresa es muy conocida por esta política. Ofrecen estrategias generosas de devoluciones y cambios, y sus empleados están capacitados para brindar una experiencia de compra personalizada y de alta calidad.

Es el sello distintivo de Nordstrom, su enfoque en el servicio al cliente. Esto ha creado una base de clientes leales y una sólida reputación en la industria minorista. En la década de 1990, Nordstrom comenzó a expandirse fuera de los Estados Unidos y abrió tiendas en Canadá y Puerto Rico. En 1998, la empresa también lanzó un sitio web de comercio electrónico, lo que le permitió llegar a un público más amplio. Hoy Nordstrom es una de las cadenas más grandes de los Estados Unidos, con más de 100 tiendas en todo el país. La compañía también amplió su presencia en línea y lanzó nuevas marcas y productos para atraer a un público más amplio. La importancia de Nordstrom en el mercado es su enfoque en el servicio al cliente y la experiencia de compra. La compañía ha sido reconocida por su cultura corporativa única y su compromiso con la satisfacción del cliente.

Para brindar a nuestros clientes una experiencia de servicio extraordinaria debemos fortalecer las siguientes herramientas en nuestros empleados:

Empatía. Siempre nos han dicho que la empatía es la capacidad de ponerse en los zapatos de otra persona, entender sus emociones y pensamientos, Es fundamental ponerse en el lugar del cliente y entender sus necesidades y expectativas; permitirnos con el cliente la escucha activa y mostrar un interés genuino en su situación es clave para crear una conexión emocional con los clientes.

Otra herramienta poderosa es la Personalización: Cada cliente es único y tiene necesidades diferentes. Será una prioridad de la empresa y de sus empleados brindar un servicio personalizado adaptado a las necesidades del cliente, puede hacer que se sienta valorado y especial.

Trabajar en una comunicación efectiva: Es importante comunicarse con claridad y precisión en un idioma que el cliente entienda. Además, la comunicación proactiva es imprescindible para mantener informados a los clientes y resolver sus problemas de manera oportuna.

Capacidad para la resolución de problemas: Ante cualquier problema o situación difícil, es importante ser proactivo y encontrar soluciones de manera rápida y eficiente. Si el problema no puede resolverse de inmediato, se debe brindar una solución temporal con el compromiso de encontrar una solución permanente en el menor tiempo posible.

La fina atención a los detalles: Los detalles son importantes y pueden marcar una gran diferencia. Prestar atención a los pequeños detalles de cada interacción con el cliente es esencial para que su experiencia como cliente sea memorable.

5. UN DEMONIO ESCONDIDO

Llego la hora de hablar de uno de los demonios en el Retail: La Calidad!!

Un comensal llega a un restaurante aclamado, después de analizar la carta le pide al mesero su mejor plato, después de 40 minutos este mesero amable y carismático llega con una pequeña sopa y esta fría.

No importa que tan agradable sea el lugar, tan acogedora la música o la amabilidad del mesero, si la comida no es buena, el restaurante no sobrevivirá.
Si bien el servicio atrae o espanta a nuestros clientes, la calidad no tiene precio, es o no es, no es negociable.
Por calidad muchos compradores están dispuestos a pagar mucho más, su dinero vale, les ha costado conseguirlo y es muy frustrante perderlo en productos imperfectos solo por ahorrar un poco de dinero. Por la calidad de una marca muy bien valorada están dispuestos a pagar hasta diez veces más que una marca genérica, si bien la calidad es ocasionalmente negociable en los Hard Discount no lo es en los supermercados tradicionales, ya que es imperdonable para el cliente encontrar un producto de baja calidad aun siendo económico y mucho menos si el producto es más caro.
Para lideres y empresarios del Retail los básicos no son negociables y la calidad prima en ello.

Para Amazon la calidad es su punta de lanza, Amazon es una empresa de comercio electrónico fundada por Jeff Bezos en 1994 en Seattle, Washington. En sus comienzos solo se centraba en la venta de libros en línea.
Amazon en los primeros años luchó por ganar dinero y enfrentó la competencia de otros minoristas en línea, sin embargo la empresa siguió ampliando su catálogo de productos y mejorando la experiencia de compra de sus clientes. En 2002, Amazon lanzó una plataforma de venta de terceros que permite a otros vendedores vender sus productos.
En los años siguientes, Amazon se expandió a otros mercados, incluidas las ofertas de productos electrónicos, moda, muebles y comestibles en línea. La compañía

también empezó a lanzar varios productos y servicios, incluidos Kindle (e-Reader) y Amazon Web Services (servicio de computación en la nube). La penetración de mercado de Amazon es muy alta. La empresa ha crecido rápidamente hasta convertirse en uno de los minoristas más grandes del mundo y ofrece una amplia gama de productos y servicios.

Para Amazon la satisfacción del cliente es uno de los pilares más importantes, Amazon sabe que cumplir con la calidad es su mejor apuesta, se destaca por invertir permanentemente en este objetivo y no escatima recursos para lograrlo, dentro de las iniciativas más relevantes están sus altos estándares de calidad con rigurosos procesos de control que incluye pruebas y evaluaciones de sus productos, también suele retroalimentarse con las opiniones de los clientes para evaluar sus productos y se apoyan en la innovación continua, sin embargo en esa búsqueda de la satisfacción del cliente se suelen crear ángeles que se vuelven demonios… para Amazon la satisfacción del cliente lo es todo, es por ello que su política de devolución de productos es muy flexible, Amazon le permite a sus clientes devolver los productos nuevos y sin usar dentro de los primeros 30 días con un reembolso completo de su dinero, es tan importante para Amazon la satisfacción de sus clientes que les brinda la devolución gratuita. El cliente solo tiene que imprimir una etiqueta de envío de devolución desde la página web de Amazon y listo, la devolución no tiene ningún costo. Greenpeace y algunos medios investigativos han desatado polémicas por las filtraciones de información acerca de los manejos que se le da a los productos devueltos, el programa de investigación Capital del canal M6 de la televisión francesa revelo que Amazon, la empresa de mayor cotización en bolsa del mundo, destruye cada año millones de objetos en perfecto estado, simplemente porque le resulta más barato destruirlos que devolverlos al fabricante o regalarlos a personas necesitadas, el escándalo está en los productos que aun en buen estado son destruidos y llevados a vertederos; cuando los productos en devolución son alimentos, estos son recogidos y enviados a las plantas de procesamiento de alimentos de Amazon donde son destruidos a pesar de no ser incluso tocados por el cliente, para Amazon no existe garantías de que el producto no este contaminado por lo cual el único camino del alimento será su destrucción. El programa presentado por Julien Courbet, informo citando fuentes sindicales que solamente en el almacén ubicado en Chalon-sur-Saône, uno de los más pequeños de los cinco que dispone Amazon en Francia, se enviaron 293.000 productos a la basura en tan solo nueve meses y lo peor casi todos nuevos. En el reportaje se habla de que las devoluciones de la compra online llegan al 33%, frente al 7% del comercio presencial.

Hoy las grandes compañías no solo deben buscar la satisfacción del cliente, también tienen una responsabilidad medio ambiental y son constantemente vigiladas por entes de control y por el público en general.

Ikea es una empresa multinacional de origen Sueco, fue fundada en 1943 en Suecia y ya se encuentra en más de 50 países cuenta con más de 200.000 empleados. Su propósito está en el desarrollo y venta de muebles y objetos para el hogar. La filosofía de esta importante compañía es ofrecer excelentes productos de muy buena calidad, son expertos en diseño de muebles y muchos objetos funcionales pero gracias a sus desarrollos logísticos y control de materias primas se destacan por mantener precios bajos.

Ingvar Kamprad fue el gran fundador de Ikea, nació en Suecia en 1926 y vivió la mayor parte de su infancia en una granja familiar llamada Elmtaryd, se destacó cómo un gran emprendedor toda su vida, fue hasta 1948 que Ikea amplió su catálogo de productos e inició la comercialización de muebles.

Lo que Ingvar desarrollo en su empresa fue que mientras algunos productores mentían sobre la calidad de los productos para mantener precios bajos, Ikea trabajaba con los mejores insumos y un volumen de mercado alto que no sacrificaba la calidad.

Sin embargo en 2016, Ikea llamó a sacar del mercado norteamericano millones de gaveteros Malm por una alerta de seguridad. Fue el retiro más grande de un producto del mercado en la historia de la compañía.

Para nuestros clientes la calidad puede medirse mediante el valor que le dan a un producto o servicio y en la medida cómo estos llenen sus necesidades y expectativas. La calidad abarca un amplio espectro ya que puede estar representada por beneficios que genera ese producto o servicio, su durabilidad, su confiabilidad, su eficiencia, funcionalidad, estética, confort o el servicio que le presta al cliente. Para nosotros cómo empresarios tener un producto o servicio de calidad se convierte en uno de esos pilares fundamentales que debemos alcanzar pero con la cautela de no hacerlo a cualquier costo, sin embargo incluir el servicio cómo parte del paquete resulta ser un maridaje perfecto o en caso de fallar un divorcio inevitable para con nuestros clientes.

Algunos de los más importantes Hard Discount se han

dado a la tarea de entender esto, no solo invierten grandes esfuerzos por reducir costos en su operación y mantener apuestas de los productos más económicos del mercado, sino que también invierten en la calidad de sus productos, en ninguna parte está escrito que por ser económico no puede ser de excelente calidad, cuando un cliente encuentra el producto más económico del mercado y adicionalmente de excelente calidad se casa con el producto de forma inmediata y visitara la tienda así sea solo por ese producto, lo que lo inducirá a llevar de paso algunas cosas más es un gana, gana. Algunos Hard Discount se han atrevido a ir más allá y han implementado un modelo básico de cultura de servicio al cliente donde la amabilidad con el cliente comienza desde el saludo obligatorio, esto sin duda rompe paradigmas de no por tener menos empleados tiene un menor servicio y entre los clientes el mensaje es muy bien recibido ya que valoran aún más el esfuerzo que hace el empleado de saludarlo a pesar de estar supremamente ocupado.

Si algo debemos aprender de Disney es que no deja nada a la suerte, en Animal Kingdom por ejemplo, el entrenamiento de sus empleados es estricto y repetitivo, ejemplo para un empleado que tenga que manejar un vehículo donde movilizará a los turistas, este debe superar un intenso entrenamiento en una serie de simuladores específicos, en donde debe demostrar su habilidad para atender todas las posibles novedades o emergencias que pueda tener durante su recorrido.

Muchas cadenas importantes del Retail realizan inversiones cuantiosas en infraestructura y tecnología para lograr crear experiencias extraordinarias con sus clientes, pero ponen a sus nuevos empleados a interactuar con ellos sin haber recibido los entrenamientos suficientes y limitándolos a las cortas y apresuradas instrucciones dadas por un líder bastante gruñón y muy estresado o creyendo que con tres cursos virtuales será suficiente para asegurar su vínculo con la compañía.

Disney nos ha enseñado que no podemos dejar nada al azar, debemos realizar un entrenamiento profundo y constante en el tiempo, un entrenamiento repetitivo que se convierta en una rutina normal y permanente en nuestros empleados. El metro de Medellín nos enseña que los mensajes positivos y permanentes que generen un amor por la compañía de adentro hacía afuera genera un vínculo irrompible con los empleados y con nuestros clientes. Invertir en la formación de los empleados y en el amor por la compañía es tan importante cómo invertir en la calidad de nuestros productos, esta apuesta le da el margen de precio justo que nuestros productos necesitan sin importar los latigazos de la dura competencia.

Un producto costoso que carece de calidad y servicio está destinado al fracaso.

Dicen popularmente que un cliente satisfecho es un cliente feliz, no estoy de acuerdo con esta afirmación, un cliente satisfecho no necesariamente va a hablar bien de tu producto o servicio, puede que simplemente reconozca que es bueno, por lo contrario un cliente apóstol es todo lo que sueña una empresa, es aquel que se siente identificado con el producto o servicio y más que estar satisfecho se convierte en un defensor ferviente de estos, se encargará voluntariamente de hablar muy bien de ello a través del boca a boca sin dudar a enfrentar con argumentos cualquier postura contraria, llevará a sus familiares y amigos con gran orgullo a consumir tus productos o servicios.

He visto que muchas empresas invierten millones en tiempo y esfuerzo por recuperar clientes perdidos cuando su verdadera y más importante inversión está en cuidar a sus clientes apóstol.

Cierto día un cliente fue a almorzar a un restaurante, después de seleccionar su producto espero tranquilamente a que llegara su comida, treinta minutos más tarde llego su plato pero la ensalada no era la que el consumía así que le solicito al mesero que se la cambiara por cualquier otra cosa, el mesero sorprendido por la solicitud le contesto que no se podía, ya que el producto solicitado estaba formulado específicamente con esa ensalada por lo cual no existía forma de cambiarla, el cliente contrariado por la respuesta solicito hablar con el chef; después de 10 minutos llego el chef, ya había verificado la receta oficial del producto y la traía en la mano a lo que efectivamente le confirmo que esa era la ensalada asignada para ese plato y qué por tal motivo no podía cambiársela, el cliente solicito entonces hablar con el Maitre, 5 minutos después llego el Maitre con el libro de costos para explicarle al cliente porque no podía cambiarle la ensalada a ese plato ya que correspondía a la ensalada costeada, entonces el cliente llamo al gerente, al llegar el gerente el cliente se fue furioso porque aunque el gerente venía a cambiarle la ensalada, para ese momento su curva de ira estaba tan alta que ya se había prometido nunca volver a ese restaurante. Finalmente nadie se enteró que el cliente era alérgico a la nuez que traía la ensalada.

En un mundo tan competitivo cómo el que vivimos hoy en día es tan importante tener un equipo capacitado cómo empoderado!. Cómo lideres debemos tener la habilidad y confianza de permitir que nuestro equipo tome decisiones, cuando nuestros empleados frenan permanentemente a nuestros clientes porque no tienen la capacidad de tomar decisiones es una clara señal que la empresa está diseñada solo a conveniencia de ellos mismos y no de su cliente. Formar también significa empoderar, la empresa puede implementar topes mínimos y máximos para dar libertad de respuesta a sus empleados a fin de fomentar una solución acertada y rápida a nuestros clientes.

La Pos pandemia, el alto endeudamiento de Estados Unidos, la guerra en Ucrania, la inflación en los alimentos en muchos países que supera más del 20%, los altos costos de los combustibles que parece no tener freno, el costo de la energía superando crecimientos de hasta el 50%, los Hard Discount y su guerra de precios bajos, el crecimiento arrollador de Amazon y los supermercados se preguntan: ¿Qué hacer?

1. Desde lo logístico las cadenas de supermercados no deberían tener bodegas, es importante aprovechar las nuevas tecnologías de inteligencia artificial para tener un abastecimiento optimizado de forma que se mejora la eficiencia en la cadena de suministro reduciendo los costos de transporte y almacenamiento, eliminando casi por completo el almacenamiento de productos que solo trae altos costos operativos y reducción en rotación de inventarios.
2. Invertir en la experiencia del cliente debe ser una prioridad, garantizar una formación 360 grados con todos los empleados en la calidad del servicio será la herramienta más fuerte, si bien el cliente busca economía, también busca experiencias de compra extraordinarias, el servicio personalizado, la

disposición de los productos en la tienda, la mejora constante en la navegación en la tienda, buscando que al igual que en las redes sociales el cliente aumente su tiempo dentro del establecimiento con experiencias acogedoras que lo hagan regresar.
3. Potenciar las marcas propias es una muy buena opción, desarrollar productos de alta calidad a bajos costos y adicional exclusivos es una forma de fidelizar la compra de los clientes
4. Negociaciones gana, gana. En tiempos tan retadores cómo los de hoy en día, las cadenas de supermercados suelen tener un musculo financiero importante para obtener negociaciones con proveedores exclusivas que puedan marcar la diferencia en el mercado cómo por ejemplo establecer precios bajos en productos de alta rotación que funcionen cómo anzuelo para atraer a los clientes o precios especiales en días de menor tráfico de clientes.

5. Ampliar la presencia en línea, los minoristas tradicionales pueden ampliar su presencia en línea para llegar a una audiencia más amplia y "competir" con Amazon. Esto puede incluir la creación de una plataforma de comercio electrónico y la oferta de servicios de entrega a domicilio.
6. Desarrollar una estrategia omnicanal: Los minoristas tradicionales pueden adoptar una estrategia omnicanal que combine la experiencia en la tienda con la presencia en línea. Esto podría incluir la implementación de tecnología en la tienda, como pantallas interactivas y el uso de aplicaciones móviles para mejorar la experiencia del cliente.

7. Programa de lealtad; un programa de lealtad puede ser una buena manera de incentivar a los clientes a comprar más y con mayor frecuencia. Por ejemplo, se puede ofrecer descuentos o recompensas para aquellos clientes que realizan compras frecuentes o que gastan cierta cantidad de dinero
8. Cross-selling y up-selling: El cross-selling se refiere a la práctica de ofrecer productos complementarios a los clientes que están comprando un producto. Por ejemplo, si un cliente está comprando un teléfono móvil se le puede ofrecer una funda o un protector de pantalla. El up-selling por otro lado implica ofrecer un producto o servicio de mayor valor al cliente. Por ejemplo, si un cliente está comprando un televisor de 40 pulgadas, se le puede ofrecer uno de 50 pulgadas.
9. Invertir en tecnología le permite a las empresas reducir costos operativos y mejorar la eficiencia en la gestión de diferentes procesos reduciendo costos de mano de obra. La Inteligencia artificial puede analizar grandes cantidades de datos cómo el historial de compras especifico de cada cliente, sus preferencias y comportamientos, con esta información crea avatares individuales y clasifica grupo de usuarios con gustos similares a quienes llegaran ofertas y recomendaciones específicas mejorando la experiencia de compra.
10. Con la inteligencia artificial puede automatizar tareas desgastantes y repetitivas, como el análisis de datos y la gestión de pedidos, lo que puede liberar a los empleados para que se centren en tareas más importantes propias del servicio y mejorar la eficiencia operativa general de la tienda.

La cadena Alemana Lidl lleva en España desde 1994 y desde entonces ha crecido exponencialmente, con más de 580 tiendas en este país. En los últimos años la famosa cadena de Hard Discount, Lidl, ha adaptado su modelo de negocio a sus clientes mirando la realidad del Retail cómo un todo, sin olvidar la esencia del concepto de descuento. Así fue como crearon su nuevo modelo "Total Store". Este nuevo concepto se enfoca en ofrecer una experiencia de compra más amplia y diversa. En este tipo de tiendas se combinan elementos de descuento conservando su esencia de Hard Discount (eficientes, funcionales y productivos) con una filosofía profunda de atención al cliente (cómodo, luminoso, moderno, íntimo, etc.), todo ello desde el punto de vista de la sostenibilidad medioambiental, económica y pensando en la comunidad. Sus nuevas tiendas Total Store, son más grandes que su supermercado tradicional; la clave de su éxito está en la variedad de sus productos, ofreciendo más de 2.200 productos en cada tienda, desde alimentos frescos, productos básicos de uso diario, ropa, artículos de cuidado personal, productos electrónicos y otros artículos para el hogar. Es la primera cadena de supermercados que ofrece su leche fresca con doble certificación: Certificación de bienestar animal y certificación de pastoreo. Por supuesto su fuerte son los precios donde se destaca su gran oferta en productos de línea blanca, pequeños electrodomésticos y productos muy adaptados a las exigencias del cliente, esto quiere decir que se han esforzado por mostrar que sus productos de línea blanca son de excelente calidad a bajo costo. Suelen sorprender al consumidor cada semana con productos in and out, ropa, electrodomésticos de poco tiempo en el almacén que impactan y sorprenden al cliente. Mantiene una dinámica constante de variar el surtido y agrega productos nuevos constantemente. También ofrecen servicios adicionales cómo panadería y una sección de comidas preparadas en el lugar, inversión en tecnología cómo Self check out y una aplicación móvil para compras en línea, en pocas palabras su nuevo formato es un supermercado tradicional, con innovación, sostenibilidad y con una estructura de Hard Discount.

6. UN INFIERNO EN LA TIERRA

Todos aquellos que hacemos parte de esta gran cadena de abastecimiento, desde productores, distribuidores y clientes somos responsables de alimentar el mal de todos los males que amenaza con acabar el mundo cómo lo conocemos, es el temido plástico.

De acuerdo a los informes arrojados por New Plastics Economy Global Commitment, desde los años 50 hasta hoy, se ha fabricado más de 8,3 mil millones de toneladas de plástico y aproximadamente el 60% del total ha terminado en la basura o aún peor en el medio ambiente. Un estudio de 2019 publicado en la revista Science Advances concluyó que solo el 9% del plástico se recicla de una forma eficiente, lo demás se acumula en vertederos o termina en ríos, contaminando ambientes, afectando notoriamente poblaciones y fauna hasta finalmente llegar al mar.

Millones de toneladas de plástico llegan a los océanos cada año, lo que se ha convertido en uno de los mayores desastres ambientales de la historia.

Más del 99% del plástico está realizado con productos químicos derivados del petróleo, el gas natural y el carbón, todos ellos recursos no renovables.

ExxonMobil fue fundada como Standard Oil Company en 1870 por John D. Rockefeller. Rockefeller fue uno de los hombres más ricos de la historia, su empresa petrolera llego a ser la empresa petrolera más grande y rentable en todo el mundo, por muchos años logro mantener el monopolio del mercado norteamericano hasta que en 1911 fue obligado por el gobierno a disolver su empresa en virtud de la Ley Sherman Antimonopolios.

Hoy, ExxonMobil opera principalmente en los sectores Petroquímicos, Energía Eléctrica, Petróleo y Gas. Sus actividades se extienden por más de 40 países de todo el mundo e incluyen, entre otras, la explotación, elaboración y comercialización de productos petroleros y gas natural, así como la fabricación de productos químicos, plásticos y fertilizantes. Siendo una de las industrias petroleras más fuertes en el mundo cuenta con alrededor de 53.600 trabajadores y con ganancias anuales multimillonarias.

Esta empresa ha ocupado el podio dentro de las 500 empresas con mayor capitalización bursátil en el mundo y durante el 2008 fue la empresa con más ingresos en Estados Unidos, con ingresos netos de US$589.000.000.000 y ganancias de US$78.450.000.000

De acuerdo a los datos arrojados por Plastic Waste Makers, la empresa que más contribuye a la contaminación por plásticos es ExxonMobil, con 5.9 millones de toneladas de producción de plásticos por cada año. Las empresas que siguen en esta lista negra son la compañía química más grande del mundo, Dow, que tiene sede en Estados Unidos, esta compañía genera 5,5 millones de toneladas de desechos plásticos al año. La tercera en la lista es la empresa china de petróleo y gas, Sinopec, que vertió 5,3 millones de toneladas de plástico al año.

A pesar de los esfuerzos colectivos a nivel mundial para reducir la producción de los plásticos de "un solo uso" y minimizar su impacto en el medio ambiente, su consumo continúa aumentando, según un estudio de la fundación australiana Minderoo, este tipo de plásticos (que engloba envases y artículos desechables como bolsas, pajitas y cubiertos que se usan una vez y luego se tiran) representa la mayor categoría de aplicación de los plásticos y supone un tercio de todo este material que se consume en el mundo.

De acuerdo a la revista Plastic Waste Makers Index, hoy en día hay más residuos plásticos de "un solo uso" que nunca.

Pero con la producción sin freno del plástico también viene la contaminación ambiental, la revista también afirma que las emisiones de gases de efecto invernadero por la producción de plásticos de "un solo uso" en 2021 fueron equivalentes a las emisiones totales del Reino Unido, con 460 millones de toneladas de dióxido de carbono.

Mientras que cómo consumidores y gobiernos sigamos alimentando el consumo masivo de plásticos de "un solo uso" las industrias productoras seguirán aumentando su producción realizando campañas de estímulo al reciclaje que solo actúan cómo una cortina de humo con un mínimo impacto ambiental para que los usuarios centren su atención en el consumo y no en la responsabilidad de los productores.

Los supermercados cómo intermediarios entre productores y consumidores tienen una gran responsabilidad en fomentar medidas que reduzcan el consumo de plástico, algunas iniciativas son:

1. Motivar la reducción de embaces plásticos trabajando de la mano con los proveedores y buscando incentivar el uso de materiales sostenibles.
2. Impulsar el uso de bolsas reutilizables con sus clientes, otorgándoles a ellos descuentos o beneficios adicionales por traer sus bolsas reutilizables desde casa o por comprarlas en las tiendas.
3. Eliminar los plásticos de "un solo uso" y remplazarlo por alternativas convencionales que bien realizadas pueden dar elegancia y valor agregado a la marca cómo bolsas de papel, platos, cubiertos entre otros.
4. Los supermercados pueden ubicar estaciones de reciclaje que motiven a sus clientes a traer su material plástico de sus casas y motivar campañas educativas

en la comunidad para el correcto manejo del material reciclable
5. Explorar y motivar desarrollo de materiales alternativos biodegradables cómo la fibra de caña que puedan remplazar los empaques de "un solo uso" motivando el crecimiento de pequeñas empresas.

Si los consumidores comienzan a preferir empaques de materiales alternativos al plástico por razones ambientales o por temas propios de la salud, esto podría desmotivar la producción de estos grandes emporios petroquímicos.

Existe otra alternativa?

San pedro la laguna es un pueblo de unos 10.000 habitantes ubicado en el lago Atitlán, en Guatemala. Esta pequeña ciudad tiene cómo fuente principal de su economía la pesca y el turismo que se vive alrededor de su laguna pero desafortunadamente se había convertido en un vertedero de basuras.

Fue entonces cuando Mauricio Méndez, alcalde de la localidad y con el apoyo de la administración local, en el año 2016 implementaron una ordenanza municipal para la prohibición de las bolsas plásticas y recipientes desechables en establecimientos comerciales implementando multas cuantiosas para los comerciantes que no cumplieran con la norma. De la mano de estos cambios implementaron un sistema de reciclaje para los residuos sólidos permitiendo su separación en la fuente y acompañado de programas de educación y concientización a los habitantes de la ciudad. El resultado es la reducción de un 80% del consumo del material sintético. El lago ha vuelto a la vida y con él, sus habitantes.

El Congreso de la República de Colombia, el 7 de julio de 2022, expidió la Ley 2232 de 2022 por medio de la cual se establecen medidas tendientes a la reducción gradual de la producción y consumo de ciertos productos plásticos de "un solo uso" y se dictan otras disposiciones. De esta manera, se prohibió la comercialización, distribución e introducción en el territorio nacional de los distintos productos que se enlistan en el artículo 5 de la mencionada ley y que para referencia, se enumeran a continuación:

1. Bolsas de punto de pago utilizadas para embalar, cargar o transportar paquetes y mercancías, exceptuando aquellas reutilizables o de uso industrial.
2. Bolsas utilizadas para embalar periódicos, revistas, publicidad y facturas, así como las utilizadas en las lavanderías para empacar ropa lavada.
3. Rollos de bolsas vacías en superficies comerciales para embalar, cargar o transportar paquetes y mercancías o llevar alimentos a granel, exceptuando productos de origen animal crudos.
4. Envases o empaques, recipientes y bolsas para contener líquidos no preenvasados, para consumo inmediato, para llevar o para entregas a domicilio.
5. Platos, bandejas, cuchillos, tenedores, cucharas, vasos y guantes para comer.
6. Mezcladores y pitillos para bebidas.
7. Soportes plásticos para las bombas de inflar.
8. Confeti, manteles y serpentinas.
9. Envases o empaques y recipientes para contener o llevar comidas o alimentos no preenvasados para consumo inmediato, utilizados para llevar o para entregas a domicilio.

10. Láminas para servir, empacar, envolver o separar alimentos de consumo inmediato, utilizados para llevar o para entrega a domicilio.
11. Soportes plásticos de las copitas de algodón o hisopos flexibles con puntas de algodón.
12. Mangos para hilo dental o porta hilos dentales de uso único.
13. Adhesivos, etiquetas o cualquier distintivo que se fije a los vegetales.
14. empaques, envases o cualquier recipiente empleado para la comercialización, al consumidor final, de frutas, verduras y tubérculos frescos que en su estado natural cuenten con cáscaras; hierbas aromáticas frescas, hortalizas frescas y hongos frescos.

Es importante mencionar que la Ley ordena distintos plazos para que quienes se dediquen a las actividades anteriormente mencionadas, sustituyan de manera progresiva y gradual los productos fabricados con plásticos de un solo uso por alternativas sostenibles, fomentando un modelo de economía circular.

Poco a poco la conciencia colectiva mundial ha ido despertando y aunque los productores de plástico no se detienen, esperamos que las medidas a tomar no lleguen demasiado tarde.

Hoy en día la forma más efectiva de la reducción importante de plásticos de un solo uso es reduciendo su uso. En la medida que la demanda disminuya la producción comenzará a desacelerar pero para esto se requiere mano dura y mucho temple para que productores, distribuidores, clientes y gobiernos, cada uno desde su rol implemente leyes y normas que prohíban su uso.

Realmente es triste tener que escribir sobre la gran isla de basura. Es conocida con el nombre de Remolino del Pacifico o gran mancha del Pacifico, cuenta con un tamaño de 1.7 Millones de kilómetros cuadrados y creciendo cada día más se encuentra ubicada entre California y Hawái. Su tamaño equivale a tres veces el tamaño de Francia, gran parte de sus desechos no son tan visibles ya que se encuentran bajo la superficie. Se calcula que solo allí se encuentran más de 80.000 toneladas de desechos plásticos causando la muerte a miles de aves y diferentes especies marinas que confunden los desechos con comida o quedan enredados en sus redes, los esfuerzos por frenar el crecimiento son escasos, se requieren 67 buques para recolectar solo el 1% de su tamaño.

Actualmente se han detectado ya 8 de estas islas de basura en el mundo, la isla del ártico es una de ellas, ubicada entre el mar de Groenlandia y el mar de Barents, se cree que sus residuos provienen de Europa y norte América arrastrados por las corrientes marinas.

Otra de ellas es la isla del mediterráneo, esta acumulación de desechos se encuentra frente a la isla de Elba con un tamaño aproximado de 900 kilómetros cuadrados con al menos 3,5 millones de toneladas de desecho plástico, según algunos cálculos no oficiales.

La isla del Caribe, ubicada frente a las costas de Belice.

La Isla de la Juventud donde aún no se tienen muchos datos de su tamaño.

La Isla del océano Indico, está ubicada en el giro del océano indico, con un tamaño estimado de 2.1 millones de kilómetros cuadrados, prácticamente con el mismo tamaño de Groenlandia.

La Isla del atlántico sur, ubicada en el giro del atlántico sur con 715 mil kilómetros cuadrados con 40.000 unidades de desechos plásticos por cada kilómetro cuadrado.

La Isla del atlántico Norte, ubicada en el giro del atlántico norte, se calcula que tiene 7.220 unidades de desechos plásticos por kilómetro cuadrado.

La Isla del pacífico sur, con una superficie de 1,6 millones de kilómetros cuadrados, tiene el tamaño de México, con 390.000 partículas de plástico por cada milla cuadrada.

El plástico y su consumo masivo nos desborda, Manhattan es uno de los cinco distritos de New York considerado como uno de los sitios más poblados del país con 1.6 Millones de habitantes aproximadamente, el alto crecimiento de "pedidos a domicilio" está poniendo en aprietos al corazón económico de la ciudad, ya que el aumento de tráfico de vehículos de entrega, si bien genera empleo, esta congestionando significativamente sus calles, aumentando la polución, los tiempos de entrega y cargando exponencialmente de plásticos de un solo uso la ciudad, lo que evidentemente aumenta la acumulación de residuos.

En este momento pensar en una recolección es casi un sueño imposible, sin embargo aplicar medidas que reduzcan considerablemente la producción puede ser un camino para disminuir su rápido crecimiento. Se requiere del compromiso de gobiernos, productores y consumidores para parar este daño incalculable que le estamos haciendo al planeta, antes de que no nos quede nada para heredar a nuestros hijos.

7. UN NUEVO CLIENTE, UNA NUEVA REALIDAD

El mundo ha cambiado, el calentamiento global, la pandemia, la guerra, la inflación, dejó una huella en el sentir de los seres humanos y la valoración por la vida, la salud y el bienestar. Hoy en día crece una mentalidad colectiva comprometida con la sostenibilidad y el medio ambiente, ya hace parte de la experiencia de compra, el compromiso del Retail debe hacerse sentir por la disminución en la huella de carbono, la eliminación de los empaques plásticos de "un solo uso", su compromiso con la reforestación, el cuidado del planeta y las energías renovables. Los ECOconsumidores están dispuestos a pagar un poco más por productos y servicios que se han producido de manera sostenible, que se fabrican con materiales reciclados o que tienen una reducción importante en la huella de carbono u otras acciones amigables con el medio ambiente.

Hoy para el Retail, la sostenibilidad se ha convertido en un componente definitivo para sobrevivir en el mercado. Los ECOconsumidores esperan que los productores de sus productos preferidos sean conscientes y responsables, en consecuencia, las empresas deben amoldarse al nuevo sentir de los clientes si quieren conservarse en el mercado ya que esta nueva forma de pensar es parte de la actual realidad de nuestros clientes.

Hoy los clientes se están tomando el tiempo de leer la letra pequeña del embace, no solo por determinar si dentro de los ingredientes alguno representa un riesgo por ser alérgico, intolerante o por sus preferencias dietarías; sino que hoy los nuevos ECOconsumidores leen la pequeña letra menuda porque están interesados en conocer los aportes del producto a la salud y la nutrición, descubrir si los alimentos cuentan con certificaciones orgánicas que garanticen estén libres del uso de pesticidas, herbicidas o fertilizantes sintéticos, con información que afirme el uso de prácticas sostenibles que protejan el medio ambiente.

Otro aspecto importante se encuentra en los productos que son producidos en comunidades vulnerables donde su comercialización estimule el desarrollo de dichas comunidades marginadas o aisladas y cuyos productos fueron comprados a precios justos.

Certificaciones donde la producción de estos productos este sustentada en energías renovables donde se estimula el uso de la energía solar o eólica.

En algunos productos de consumo masivo cómo las carnes rojas, se buscan certificaciones de gestión forestal sostenible donde se protejan los bosques de la deforestación ganadera y se contribuya a la recuperación de los mismos; esto acompañado de buenas prácticas en la conservación de la calidad de vida de los animales y el manejo profesional y humano del sacrificio.

Hoy los clientes tienen acceso a la información mundial, una mala publicidad por prácticas no sustentables o que afecten al medio ambiente significan pérdidas millonarias.

Los ECOconsumidores son ya una gran comunidad, si quieres distinguir a este importante grupo en constante crecimiento solo observa su comportamiento de compra:

Compara.
Nuestros ECOconsumidores investigan permanentemente y comparan sus productos favoritos mucho antes de comprarlos, suelen buscar información sobre los materiales o ingredientes utilizados, las emisiones de gases de efecto invernadero que ha generado en su producción y comercialización, el tipo de material de empaque utilizado y si este cumple con los estándares biodegradables o cómo mínimo es reciclable.

Desarrollo de su comunidad.
Sin duda alguna es un factor preponderante a la hora de la elección de un producto si este ha sido fabricado o producido por comunidades locales, al elegir productos locales le garantiza desarrollo e impulso económico a su propia comunidad, lo que también significa desarrollo para él y su entorno, "comprar lo nuestro" es una bandera de patriotismo y de apoyo a su propia sociedad que siempre será vista con muy buenos ojos.

Conservación de los Recursos Naturales.

Reducir el costo de la energía, contribuir con la reforestación, preservar el agua, la limpieza de los ríos, recuperar nuestros mares de tanta contaminación, sustituir agroquímicos industriales por opciones biológicas no toxicas, eliminar el consumo de material plástico de un solo uso, todas estas acciones que están implícitas en la producción y comercialización de algunos productos las cubren con un manto de valor agregado muy importante, porque cuando yo cómo consumidor compro este tipo de productos que aportan a la preservación de los recursos naturales, también hago parte activa de esos esfuerzos por la conservación, así que me sentiré mucho mejor y menos culpable porque aunque directamente no este sembrando árboles, con la compra de estos productos es cómo si lo hiciera.

Reutilicemos.
Inversiones multimillonarias en publicidad y mercadeo por empresas petroquímicas nos han hecho creer que la solución por la inmensa contaminación mundial en plásticos está en el reciclaje efectivo (9%) y no en frenar su excesiva
producción (91%). Entendiendo esto y mientras llegan medidas contundentes que desde lo político frenen su producción, hoy muchos consumidores están muy comprometidos con la clasificación desde sus casas de los materiales reciclables y luego dirigirse al supermercado que cuenta con un punto de recolección de estos materiales. Este tipo de acciones generan un sentimiento de bienestar en los clientes ya que de alguna forma se están redimiendo de sus culpas pasadas por el desecho indebido de plásticos y por supuesto la bendición de ser parte integral de la recuperación del planeta.

Industria Sostenible.
Cuando nuestros productos preferidos nos muestran desde su etiqueta su compromiso ambiental y las diferentes acciones del productor para la contribución al medio ambiente, los clientes se sienten muy animados a comprar este tipo de productos y a apoyar a las industrias que muestran un firme compromiso con la sostenibilidad.

El Retail también está llamado a proporcionar información acerca de su compromiso por la sostenibilidad y su contribución con el medio ambiente, al igual que los productos, los supermercados pueden mostrar sus sellos ecológicos donde se destaquen sus prácticas sostenibles dentro de sus procesos de funcionamiento, algunas compañías se destacan por su eficiencia energética, el uso de energías renovables cómo paneles solares que remplazan parte de su consumo diario, el uso de iluminación tipo LED y la reducción de emisiones de dióxido de carbono mediante el uso de sistemas de refrigeración alternativos, operaciones de transporte con vehículos eléctricos, entre otros.

La implementación de espacios y conceptos que destaquen los productos sostenibles y su contribución cómo por ejemplo productos orgánicos, con menor huella de carbono. Desarrollo e implementación de programas de reciclaje donde recolectan y motivan a sus clientes a contribuir con el cuidado del medio ambiente con materiales recuperables cómo plástico, cartón, latas, vidrio, etc. La eliminación de empaques plásticos de un solo uso y el desarrollo de suministros que los remplacen con un valor ecológico importante. Programas de donación y alianzas con bancos de alimentos donde se le pueda dar donaciones de alimentos a organizaciones benéficas o prácticas de gestión sostenible cómo el manejo compostable de restos de alimentos que se convierten en abonos orgánicos (humus) para apoyos de cultivos sostenibles.

Hoy es una tarjeta de presentación ante la sociedad, la contribución activa del Retail por la sostenibilidad y sus grandes esfuerzos que contribuyan a la conservación del medio ambiente.

Ahora, la Pos pandemia nos otorga un nuevo nicho de clientes con un crecimiento exponencialmente acelerado y hoy los conocemos cómo los "Nómadas Digitales"

Los nómadas digitales son personas que en su mayoría oscilan entre los 25 a 40 años, amantes de la tecnología ya que han crecido con ella y con un gran espíritu aventurero, tomaron la decisión de viajar por el mundo trabajando de forma remota lo que les da libertad de movimiento y placer al mismo tiempo.

Estas son algunas de sus características:

Elasticidad

Los Nómadas Digitales solo necesitan una conexión a internet, esto lo pueden encontrar en cualquier parte del mundo, esta elasticidad les permite viajar con total comodidad sin abandonar su trabajo mientras exploran ciudades y países diferentes.

Teletrabajo

El poderse conectar a su trabajo de manera remota les da libertad de movimiento, el no tener que asistir todos los días a una oficina fija es ya algo normal en estos días, las ciudades donde la velocidad de banda y su alto atractivo turístico es importante, se convierten en ciudades destino para este tipo de clientes

Errantes
Son aventureros, viven la vida explorando el mundo, disfrutan de estar viajando constantemente lo que les da la posibilidad de explorar diferentes culturas, conocer lugares y nuevas personas, son ciudadanos del mundo.

Autonomía
Por lo general tienen un trabajo que les da autonomía de tiempos de conexión y/o de tareas, lo que les da control sobre sus tiempos de trabajo, esto les permite administrar su tiempo dando espacio para la exploración y el disfrute.

Tecnología
Los Nómadas digitales dependen 100% de sus herramientas digitales, por lo cual los destinos dependerán en gran medida de la facilidad de conexión y de la tecnología disponible. Siempre están en busca de nuevas herramientas informáticas qué les hagan mucho más practico e innovador su trabajo.

Si lo pensamos, es un estilo de vida tentador que de seguro a muchos de nosotros nos encantaría explorar cómo ciudadanos del mundo. Las fronteras son cada vez más invisibles y las ciudades que se están preparando para la llegada masiva de este creciente nicho de clientes se convierten en ciudades con gran potencial de crecimiento turístico y económico.

Chiang Mai, en Tailandia, ubicada en el sudeste asiático, muy conocida por su cultura y su patrimonio histórico es hoy la capital de este nicho de clientes, la facilidad y buena calidad de conexión a internet, su bajo costo de vida en vivienda y transporte, su clima cálido y gran cantidad de espacios compartidos para realizar teletrabajo, le permite a sus visitantes encontrar un ambiente ideal para trabajar de manera remota y disfrutar al mismo tiempo. Adicional a esto cuenta con otros destinos populares cercanos para conocer cómo Bali, una isla también muy apetecida por los nómadas digitales por sus hermosas playas y cultura, Singapur y Vietnam.

Medellín Colombia, hoy en día es la segunda ciudad en importancia a nivel mundial para los Nómadas Digitales, ubicada en Antioquia justo en el centro del país, le facilita a los nómadas su exploración. Es la segunda ciudad más grande de Colombia, cuenta con una potente infraestructura tecnológica, con internet de alta velocidad, se destaca por un creciente desarrollo de espacios Coworking y centros de trabajo virtual equipados completamente para el trabajo colaborativo, cuenta con un portafolio muy amplio de alojamientos disponibles y adaptados para todo tipo de presupuestos, desde apartamentos amoblados muy lujosos, hasta hostales de espacios compartidos muy económicos.

La capital de la eterna primavera, posee un clima cálido muy agradable por no decir perfecto, con una amplia diversidad cultural y centros de entretenimiento para todos los gustos, la vida nocturna de Medellín está catalogada como una de las mejores del mundo; la capital antioqueña ha logrado destacarse dentro de las ciudades con mayor innovación a nivel mundial gracias al impulso de soluciones tecnológicas, culturales y educativas. Si hablamos de su gastronomía tenemos que hablar de la bandeja paisa pero por supuesto se destaca por su gran diversidad de restaurantes para todos los gustos. La calidez de su gente y la belleza de sus mujeres son la cereza del pastel de una ciudad que tienes que conocer antes de morir.

Lisboa es la capital de Portugal, se ha convertido en un destino muy interesante para los nómadas digitales debido a su calidad de vida, son muchos los cafés y la muy buena conectividad disponible, clima agradable y su cultura única como el hermoso Castillo de San Jorge, que domina las hermosas calles de tonos pastel de Lisboa, y el Museo Nacional del Azulejo. La ciudad también es conocida por su deliciosa comida con excelentes restaurantes y está a pocos minutos en vehículo de varias playas.

Otras ciudades también vienen posicionándose cómo destino de estos nuevos clientes por su desarrollo tecnológico y su valor cultural cómo Buenos aires, Argentina con un ambiente cosmopolita, rica en arte, música y cultura. Barcelona en España, destacada por su hermosa arquitectura y vida nocturna, cuenta con muchos espacios coworking entre otras más.

Proveedores, distribuidores, comunidades, ciudades y países deben prepararse para atender a estos nuevos clientes, mucho más consientes y responsables con el planeta, que buscan la comodidad y la conectividad permanente, con criterio propio y acceso inmediato a la información y que requieren de una evolución rápida del mercado.

8. LA BOLA DE CRISTAL

Desde el año 2000 antes de Cristo, las tribus celtas habitaban la isla de Gran Bretaña, luego fueron reunidas por los druidas, fueron uno de los primeros grupos en utilizar cristales para la adivinación, la religión druida tiene similitudes con la religión megalítica de la antigua

Inglaterra, por lo que este uso de la adivinación puede haber venido de ellos. Más tarde, en la Edad Media en Europa Central (500-1500 a. C.), videntes, hechiceros, psíquicos, astrólogos, adivinos y todos los demás videntes también usaron cristales para "ver" el pasado, el presente o el futuro.

En el Retail también queremos saber que nos depara el destino, si bien ya no usamos cristales, nos gusta analizar nuestro pasado y presente para poder proyectar nuestro futuro, en pocas palabras nos gusta fabricar nuestro destino de la mano con la innovación y la observación del mercado, es por ello que el mundo del Retail se ha asociado para mantener el flujo de la información y estar a la vanguardia de los nuevos desarrollos.

National Retail Federation (NRF): es la organización más grande del mundo que representa a los minoristas. Tiene su sede en Estados Unidos y cuenta con más de 16,000 miembros incluyendo minoristas, proveedores, asociaciones y otros actores del sector. La Federación Nacional de Minoristas ha representado al comercio minorista durante más de un siglo. Se identifica por defender apasionadamente a las personas, las políticas y las ideas que ayudan a que el comercio minorista prospere. La NRF aboga por el éxito de esta industria apoyando proyectos en ciberseguridad, proteger los impuestos corporativos, la privacidad informática, mejorar las relaciones comerciales internacionales e invertir en infraestructura para mejorar la cadena de suministros. Anualmente realiza un evento conocido como el Retail's Big Show donde reúne a más de 16 mil profesionales del Retail, visitado por más de 35 mil personas y todos en busca de nuevos desarrollos y tecnologías que simplifiquen y mejores la experiencia de los clientes.

Retail Industry Leaders Association (RILA) Otra organización importante que representa a los líderes de la industria minorista en los Estados Unidos. Se enfoca en promover políticas públicas que promuevan la competitividad y el crecimiento del comercio minorista, desde problemas complejos de política pública hasta desafíos operativos, RILA convoca a más de tres docenas de redes distintas para que los principales ejecutivos minoristas aborden desafíos comunes, generen ideas y avancen en la industria. Los comités, consejos y redes de RILA reúnen a los principales ejecutivos de sus empresas para establecer contactos y compartir información sobre prácticas líderes, desafíos operativos y tendencias de la industria. Estos líderes trabajan en colaboración para identificar oportunidades que podrían tener un impacto estratégico en las organizaciones y orientar los esfuerzos de RILA en las diversas áreas funcionales.

EuroCommerce es la principal organización que representa a la industria minorista y mayorista en Europa. Reúne a más de 5 millones de empresas de todos los tamaños e industrias, enfocadas en promover el comercio justo, la competitividad y la sustentabilidad. Abarca asociaciones nacionales en 27 países, asociaciones sectoriales y jugadores líderes a nivel mundial; EuroCommerce trabaja en informar a sus miembros sobre la política y la legislación de la Unión Europea, realiza abogacía con una voz unificada para políticas y resultados legislativos en línea con lo que representa el sector del Retail y facilitar el intercambio de experiencias, mejores prácticas y conocimientos entre los miembros.

Retail Council of Canadá, es la principal organización

que representa al sector minorista en Canadá. Reúne a más de 45,000 empresas minoristas de todo el país y se enfoca en la promoción de políticas y programas que favorezcan el crecimiento y la competitividad del sector. Su misión es promover los intereses de la industria minorista a través de una promoción, comunicación y educación efectiva. Son apasionados por los minoristas pequeños, medianos y grandes en todo Canadá. Representan al empleador del sector privado más grande del país apoyando a más de 2 millones de canadienses del sector del Retail.

Japan Chain Stores Association (JCSA) es la principal organización que representa a la industria minorista japonesa. Reúne a más de 200 negocios minoristas y se enfoca en promover políticas y programas que promuevan el crecimiento y la competitividad de la industria. Fue fundada en mayo de 1978, promovida por Japan Department Stores Association, Japan Chain Stores Association y otras organizaciones involucradas en el comercio minorista, centrada en la Cámara de Comercio e Industria de Japón y con el objetivo de un desarrollo saludable del comercio minorista y contribuir a la vida de la gente de la nación. La JCSA pretende desarrollar actividades que contribuyan a la promoción y desarrollo de tecnologías que abarquen toda la industria de la distribución y el Retail, superando los límites de la condición, categoría o tamaño empresarial.

El Consumer Goods Forum (CGF) es una organización de empresas del Retail, incluidos fabricantes, minoristas y proveedores de servicios. Fue fundada en 2009 y tiene su sede en París, Francia. CGF tiene como objetivo reunir a los fabricantes y minoristas de bienes de consumo en la búsqueda de prácticas comerciales para la eficiencia y el cambio positivo en toda la industria, que beneficie a los compradores, los consumidores y el mundo sin obstaculizar la competencia; esta organización ayuda a impulsar cambios positivos, así como una mayor eficiencia y relacionamiento con los grupos de interés.

CGF tiene varias iniciativas y programas para abordar los problemas del Retail. Por ejemplo, la iniciativa de Sostenibilidad Alimentaria tiene como objetivo aumentar la sostenibilidad de la producción de alimentos y reducir el desperdicio de alimentos. El programa de salud y bienestar está diseñado para ayudar a los consumidores a tomar decisiones informadas sobre alimentos y promover un estilo de vida saludable.

Además, CGF organiza eventos y conferencias para sus miembros y otras partes interesadas en la industria de bienes de consumo. Estos eventos brindan la oportunidad de compartir conocimientos, discutir las mejores prácticas y colaborar para abordar desafíos comunes.

El Círculo Iberoamericano del Retail (CIR) es una organización que reúne a directivos y expertos del Retail español y latinoamericano. Se estableció en 2012 para promover la cooperación y el intercambio de conocimientos entre los miembros, así como para promover el desarrollo y la innovación en la industria minorista. El CIR ha creado un espacio para el intercambio de experiencias y conocimientos entre los líderes de la industria minorista de España y Latinoamérica. A través de sus eventos, publicaciones y estudios, el CIR ha contribuido a la generación de conocimiento y mejores prácticas en el sector.

Sin duda todos quieren estar alerta a los nuevos cambios y movimientos del mercado, en un mundo completamente globalizado. Lo que impacta en una parte del mundo se siente al otro lado y no queremos que la competencia nos coja por sorpresa.

¿En qué están trabajando hoy los grandes exponentes del Retail?

Walmart ha invertido mucho en el comercio electrónico para competir con gigantes de la industria como Amazon. La empresa lanzó su propio modelo de mercado en línea, mejoró significativamente su sitio web y amplió su oferta de productos en línea. Por otra parte Walmart está ampliando su servicio de entrega de comestibles utilizando su propia flota de vehículos y asociándose con empresas de entrega como Uber y Lyft.

Un gran reto que tiene el Retail es eliminar las diferencias en cuanto a surtido, experiencia y tiempos de compra entre las compras físicas y las virtuales, es por ello que Walmart está trabajando para integrar sus operaciones en línea y en la tienda física para brindarles a los clientes una experiencia de compra más fluida y sin errores.

Uno de los más grandes retos para las cadenas de comercio tradicional son su lentitud y demanda operacional en sus procesos internos, Walmart está invirtiendo en tecnología de automatización para hacer que las operaciones sean más eficientes. La empresa instaló robots en algunos almacenes para automatizar las tareas del almacén y probó drones para la entrega de productos.

Sin duda estas empresas lideres del mercado están en los ojos de todos los ECOconsumidores y su responsabilidad con el medio ambiente está muy vigilada, es por ello que

Walmart está comprometido con la sostenibilidad y se ha fijado varios objetivos para reducir las emisiones de carbono y mejorar la contribución al medio ambiente en su cadena de suministro. La compañía ha tomado medidas para reducir el desperdicio de alimentos, promover las energías renovables y mejorar la eficiencia energética en sus tiendas y centros de distribución.

Si bien Walmart busca darle competencia al gigante Amazon, este mismo no se queda quieto, Amazon ha ingresado al espacio de la atención médica con el lanzamiento de Amazon Pharmacy, un servicio de entrega a domicilio. Para usar Amazon Pharmacy, los usuarios deben tener una receta válida que se pueda obtener de un médico o proveedor de atención médica. Luego pueden agregar la receta a su perfil de farmacia de Amazon y pedirla en línea. Los usuarios también pueden pedirle a su médico que envíe recetas directamente a Amazon Pharmacy.

Los miembros de Amazon Prime pueden recibir envío gratuito y descuentos en los medicamentos. Además de vender medicamentos recetados, Amazon Pharmacy también ofrece una variedad de productos de venta libre, que incluyen vitaminas, suplementos y otros productos para la salud. Los usuarios también pueden obtener asesoramiento y apoyo sobre medicamentos a través de la plataforma web. Además, la compañía ha desarrollado varias tecnologías de salud, como el reloj inteligente Halo, que monitorea la salud y el estado físico de los usuarios.

Es de esperarse que Amazon dedique gran parte de su músculo financiero a el desarrollo de la inteligencia artificial, Amazon está invirtiendo fuertemente en este campo y ha lanzado varios productos y servicios basados en esta tecnología, como el asistente virtual Alexa y la tecnología de reconocimiento de voz y de imagen.

La velocidad de respuesta es un aspecto prioritario para Amazon, por lo cual ha estado trabajando para mejorar su servicio de entrega a domicilio mediante el uso de drones y robots para que las entregas sean más rápidas y eficientes. Además, la empresa ha lanzado el nuevo servicio Amazon Locker, un servicio de recogida de paquetes en tiendas y otros lugares públicos.

Una de las acciones que más ha generado incomodidad al Retail tradicional es que Amazon ha estado expandiendo su presencia en tiendas físicas con la adquisición de Whole Foods Market y la apertura de tiendas Amazon Go, que utilizan tecnología de reconocimiento de imagen para permitir que los clientes compren sin tener que pasar por una caja. En junio del 2017 Amazon anuncio la compra de Whole Foods por 700 millones de dólares, desde entonces ha venido generando algunos cambios importantes en las tiendas físicas cómo la reducción de precios, lo que ha hecho que los productos tengan precios más accesibles, ahora permite que las compras en línea puedan ser recogidas en sus tiendas físicas, aumento del portafolio de productos en Whole Foods incluyendo productos de tecnología de Amazon, aumento la variedad de productos orgánicos y gluten free en sus tiendas físicas.

Amazon no escatima esfuerzos para continuar siendo el rey del mercado mundial. Recientemente anuncio que el sistema de identificación Amazon One esta implementado en el Coors Field de Denver (Su franquicia de beisbol de los Rockies de Colorado) lo que les permite a los clientes comprar cerveza y alcohol con la palma de la mano, si ya estas inscrito en el servicio biométrico de Amazon One, solo pasas la palma de la mano sobre el lector y el camarero sabrá que tienes más de 21 años, el sistema verifica la edad, y también le permite pagar con la palma de su mano.

Costco es una empresa que se enfoca en ofrecer productos de alta calidad a precios competitivos, fue fundada cómo una cadena de membresías en Seattle, Washington en 1983. Sus fundadores son James Sinegal y Jeffrey Brotman, ambos cuentan con experiencia en comercio minorista. Desde sus inicios, Costco se ha centrado en ofrecer productos de alta calidad a precios bajos y venderlos en grandes cantidades.

En los primeros años, la empresa ingresó rápidamente al mercado estadounidense y en 1985 abrió su primera tienda en Canadá. En los años siguientes, Costco se expandió internacionalmente abriendo tiendas en Asia, Europa, Oceanía y América Latina. Uno de los factores clave del éxito de Costco es su modelo de membresía. Los clientes pagan una tarifa anual para convertirse en miembros de la tienda, lo que les da derecho a precios bajos y ofertas exclusivas. Este tipo de modelo le permite a Costco mantener precios bajos en sus productos porque la empresa depende menos de las ganancias minoristas.

La empresa implementó varios métodos innovadores, como la venta al por mayor de productos, la eliminación de la marca y la reducción de los costos generales, lo que ayudó a mantener los precios bajos y mejorar la rentabilidad. Costco ha invertido en su plataforma de comercio electrónico para mejorar la experiencia de compra en línea de sus clientes. La compañía aumentó su oferta de productos en línea y rediseñó su sitio web para que sea más fácil de navegar. Costco ha ampliado su presencia internacional al abrir nuevas tiendas en países como China y Corea del Sur. La compañía busca oportunidades de crecimiento en todo el mundo y planea abrir tiendas adicionales en nuevos mercados.

Carrefour es una cadena de supermercados y tiendas minoristas fundada en 1959 en Annecy, Francia. La empresa fue fundada por Marcel Fournier y Louis Defory con la idea de crear un supermercado donde los clientes pudieran encontrar todo lo que necesitaban en un solo lugar. Desde su creación, Carrefour se ha comprometido a ofrecer una amplia gama de productos a precios competitivos, que es la clave de su éxito en el mercado minorista. La empresa se expandió rápidamente durante los años siguientes, abriendo nuevas tiendas en Francia y otros países europeos. A medida que la empresa ha ido creciendo, Carrefour se ha convertido en un jugador importante en el mercado minorista mundial. El negocio de la compañía se expandió a Asia, África y América Latina, convirtiéndose en una de las cadenas de supermercados más grandes del mundo. En la década de 1990, Carrefour también comenzó a diversificarse y adquirir empresas en otras industrias como la electrónica, el turismo y la banca. Sin embargo, durante los años siguientes la empresa enfrentó varios desafíos, incluida la disminución de las ventas y varios problemas financieros. Ante estos retos, Carrefour inició una serie de cambios en su estrategia empresarial. La compañía se enfoca en reducir costos y mejorar la eficiencia operativa mientras trabaja en expandirse a nuevos mercados como China, Brasil y Rusia. Carrefour ha estado invirtiendo en su plataforma de comercio electrónico para mejorar la experiencia de compra en línea de sus clientes. La compañía ha aumentado su oferta de productos en línea y ha mejorado su sitio web, ha lanzado nuevas marcas y productos para satisfacer las necesidades y preferencias de los clientes. La empresa trabaja para desarrollar productos más saludables y sostenibles y ampliar la gama de ingredientes frescos y locales. Además, Carrefour también ha introducido nuevas tecnologías en la tienda como la aplicación "My Carrefour", que permite a los clientes escanear productos y pagar en línea.

Casino Supermarkets es una cadena minorista fundada en Francia en 1898 por Geoffroy Guichard. En los primeros años, la empresa se centró en la venta de alimentos y se expandió rápidamente en Francia, abriendo nuevas tiendas en todo el país. En la década de 1960, Casino Supermarkets comenzó a expandirse internacionalmente, abriendo tiendas en países como Uruguay, Argentina y Brasil. Durante los años siguientes, la empresa se expandió aún más y abrió tiendas en otros países de Europa, África y Asia. La compañía se está enfocando en reducir costos y mejorar la eficiencia operativa mientras se expande a nuevos mercados como China y Tailandia. En los últimos años, el negocio de los supermercados Casino ha continuado expandiéndose y diversificándose. La empresa ha adquirido empresas de otros sectores, como la electrónica, la moda y las finanzas y ha invertido en el desarrollo de nuevas tecnologías y soluciones digitales. Casino ha lanzado nuevas tecnologías en tienda, como la aplicación "Casino Max" que permite a los clientes escanear productos y pagar en línea.

IKEA ha estado trabajando en varias iniciativas para expandir su negocio y mantener su relevancia en el mercado. Algunas de sus nuevas apuestas incluyen su crecimiento en el comercio electrónico, también está invirtiendo en su plataforma para brindar una experiencia de compra en línea más completa. La empresa está renovando su sitio web y su aplicación móvil e introduciendo nuevas tecnologías, como la realidad aumentada para ayudar a los clientes a visualizar los productos en casa antes de comprarlos. Por otra parte, IKEA tiene un compromiso con la sostenibilidad, se compromete a convertirse en una empresa 100 % circular y neutra en CO_2 para 2030 y para lograrlo la empresa invierte en tecnologías sostenibles y en el desarrollo de productos reutilizables y renovables. Además, IKEA trabaja para implementar soluciones para reducir los residuos y las emisiones de carbono durante la producción y distribución. IKEA también piensa en su crecimiento y está en proceso de expansión a nuevos mercados como India y América Latina. Cómo parte de su filosofía, IKEA se compromete a desarrollar nuevos productos y soluciones para el hogar para mejorar la vida de las personas y adaptarse a sus necesidades cambiantes. Por ejemplo, la empresa está explorando soluciones de almacenamiento inteligentes, sistemas de iluminación conectados y muebles multifuncionales.

Sin duda todos quieren estar a la vanguardia utilizando las nuevas tecnologías para que la experiencia del cliente sea extraordinaria.

El cine siempre ha sido un creador de sueños, es por ello que desde la magia de sus salas se ha contribuido notablemente al desarrollo de nuevas tecnologías, desde la introducción del sonido en el cine en la década de 1920 se permitió el desarrollo de nuevas tecnologías en grabación y reproducción de sonidos, desarrollos en micrófonos y altavoces que con el pasar del tiempo son cada vez más modernos y efectivos. Sin duda muchos científicos e ingenieros se han visto inspirados gracias al cine en el desarrollo de nuevas tecnologías cómo los teléfonos móviles, GPS y los desarrollos en realidad virtual, estimulando el interés y la inversión en estas nuevas tecnologías.

En la muy conocida película: Iron Man, JARVIS (que es un acrónimo de Just A Rather Very Intelligent System) es una inteligencia artificial (IA) con la que el protagonista Tony Stark interactúa constantemente. JARVIS, se describe como una interfaz de computadora que controla la mansión de Stark y su traje de Iron Man. En la película, JARVIS fue creado por Tony Stark como su compañero y asistente personal y durante la saga de Iron Man, se ha demostrado que Jarvis puede controlar casi todo en la mansión Stark, incluida la seguridad, la iluminación, el control del clima y la cocina. Además, JARVIS es capaz de realizar búsquedas en línea, análisis de datos y comentarios en tiempo real para ayudar a Stark en su misión.

En cuanto a su personalidad JARVIS es retratado como una inteligencia artificial con gran sentido del humor y actitud sarcástica, lo que lo convierte en un personaje muy querido entre los fanáticos de la serie.

Hoy en el Retail nos soñamos que JARVIS nos da la bienvenida al ingresar al supermercado, nos recuerda que ya se nos agotó la leche en la casa y que en el pasillo 3, costado derecho encontraremos una gran promoción de la leche deslactosada que más nos gusta, después de las mejores recomendaciones de los productos más económicos y de mejor calidad nos muestra las bondades del producto con realidad virtual aumentada y luego nos invita a tomarnos un café y a disfrutar del croissant que está saliendo del horno justo es este momento, JARVIS se encargará del pago de los productos seleccionados y no tendremos que pasar por los puestos de pago.

En el mundo de JARVIS los empleados ya no realizan el 90% de los procesos operativos que realizaban antes, ahora solo se dedican a la atención de los clientes, a verificar que la mercancía que llega a la dependencia es justo la cantidad adecuada para la venta, a revisar la calidad de los productos entre otras.

Ya no existen las bodegas, la mercancía llega certificada, es decir que no requiere el reproceso de verificación de cantidades en el punto de venta, los inventarios los realiza una aplicación de imagen de inteligencia artificial, la marcación es electrónica y cambia en línea de forma inmediata y la recolección de los productos que ya no son aptos para la venta se realizan el mismo día de su descarte ya que son clasificados y aprovechados oportunamente por los bancos de alimentos.

En el mundo de JARVIS los empleados reciben la información de sus clientes en línea, proyectada en sus lentes, saludan al cliente por su nombre, saben cuándo fue la última vez que vino, sus gustos, los productos que se recomiendan ofrecer de acuerdo con su consumo habitual y hasta pueden hablar de las recomendaciones de productos para su familia.

¿Seguiremos soñando con JARVIS? o ¿lo haremos realidad?.

Así cómo nos lo enseñó Clarence Saunders en 1916, nos lo muestran los tenderos tradicionales que a pesar de las potentes competencias aun sobreviven, lo entendió Amazon con su modelo de 100% devoluciones sin costo, el pasado, el presente y el futuro está en una sola cosa: "La experiencia de compra extraordinaria", más allá del precio, la experiencia de compra extraordinaria es el papel regalo que envuelve nuestros productos, es ahí donde está el secreto y es ahí donde pequeños, medianos y grandes empresarios debemos trabajar para sobrevivir entre amores y odios del Retail.

ACERCA DEL AUTOR

Hans con 24 años de experiencia en el Retail, comenzó su carrera desde los cargos más operativos y fue ascendiendo poco a poco. Se convirtió en líder, administrador de área, formador en cultura del servicio al cliente, especialista de producto, administrador de categoría hasta llegar a ser Gerente de una de las empresas del Retail más grandes de su país. Actualmente apoya los programas de innovación y fue ganador de un premio en su compañía. Participa en el desarrollo del servicio al cliente de la operación.

Made in the USA
Middletown, DE
16 July 2023